September 2017
© Inge Harländer / Horst Peters
Nachdruck, auch auszugsweise, nicht gestattet

Herstellung und Verlag:
BoD Book on Demand Norderstedt

Titelbild: Postkarte von 1900 Horst Peters

ISBN 978-3-7448-4901-2

Inge Harländer u. Horst Peters

Geschichte(n) der „Blunck-Colonie"

und des Tivoli in Heide

Sämtliche Informationen in diesem Buch beruhen auf Original-Dokumenten und Zeitungsberichten der jeweiligen Zeit.

Die kursiv gestellten Textpassagen geben den Original-Wortlaut wieder.

Wenngleich einige Fotos von nicht so guter Qualität sind, wollen wir sie Ihnen nicht vorenthalten.

Dieses Buch wurde teilweise gefördert von
Peter Bartsch
Konzert- und Ballhaus Tivoli
Turnstr.2, 25746 Heide
Tel. 0481- 62122
www.tivoli-heide.de

Inge Harländer, gebürtige Heiderin, beschäftigt sich seit Jahrzehnten mit der Geschichte Heides. Besonders interessiert sie sich für das 19. Jahrhundert. Inzwischen ist sie für ihre Recherchen zu unterschiedlichen Themen der Zeit bekannt.

Ihre bisherigen Veröffentlichungen:

„Der besondere Heider Friedhof" ISBN 9783842382763
„Schurersblut-Ein Dieb mit Herz" ISBN 9783739233895
„Spuren der Dichterin Sophie"   ISBN 9783735762887
„Schatten über Schloss Allstedt"   ISBN 9783738655407
„Feuerhaar"   ISBN 9783842330153

Horst Peters ist in der „Blunck-Colonie" in Heide geboren.
Seit 20 Jahren ist er im Heider Fototreff EX-Kurs aktiv.
Seit 2003 hält er DIA-Vorträge zu dem Thema: „Heide früher und heute". Seit 2007 ist er im Vorstand des „Bürgerverein für Heide und Umgebung von 1846 e.V." tätig.

Inge Harländer und Horst Peters vor dem Tivoli im Juli 2017

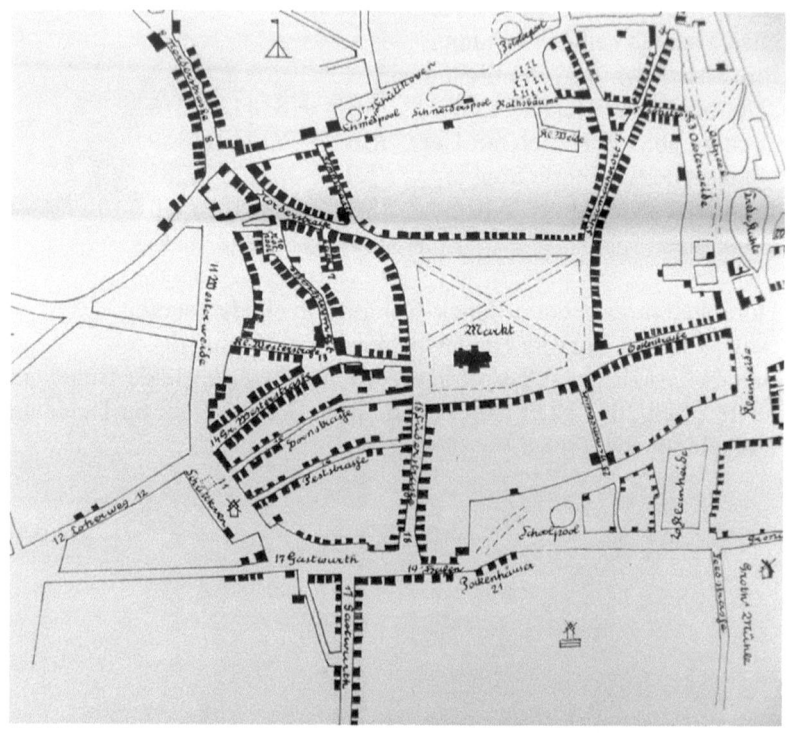

Eine Skizze aus dem Jahr 1840, erstellt nach den Erinnerungen von August Schölermann.

Unten rechts ist deutlich zu erkennen, dass das südliche Heide so gut wie keine Bebauung aufweist. Dies änderte sich erst durch Hinrich Blunck.

Bevor wir die Geschichte(n) der „Blunck-Colonie" und des Tivoli näher betrachten, fragen wir uns, wer war dieser Mann, der eine solch imposante Siedlung auf eine Ackerfläche am damals äußeren südlichen Rand des Fleckens Heide setzte?

War Hinrich (später auch Heinrich geschrieben) Blunck gebürtiger Heider? Nein!

Geboren wurde Hinrich Friedrich Blunck am 18.März 1810 als Sohn eines Schuhmachermeisters in Schleswig.

Er heiratete seine aus Reinsbüttel stammende Frau Anna Christine geb. Sommer (geb. 25.Januar 1814) im Jahre 1837 in Lunden und zog mit ihr nach Heide.

Gemeinsam hatten sie neun Kinder, die in der Zeit von 1841 bis 1858 in Heide geboren wurden. Es waren zwei Mädchen und sieben Jungen. Der älteste Sohn, Johann Friedrich (mitunter auch Johannes geschrieben), erblickte im Mai 1841 das Licht der Welt.

Die ersten von Hinrich Blunck erbauten Wohnhäuser entstanden zu Beginn der 1840er Jahre. Zu diesem Zeitpunkt war er gerade 30 Jahre alt.

Heide befand sich noch unter Dänischer Herrschaft und hatte ca. 5000 Einwohner/innen.

In den folgenden Jahren errichtete Blunck die **erste** geschlossene Siedlung des Fleckens, die sogenannte „Bluncksche Colonie".

Sie umfasst die heutige Tivolistraße, Bergstraße, Turnstraße, den Mistgang und Teile der Feldstraße sowie Bereiche des Lüttenheid.

Als Krönung dieser Siedlung ist das heutige Tivoli, ehemals „Bluncks Etablissement", zu nennen.

Die **erste** geschlossene Siedlung wurde gerade erwähnt. Es folgen weitere Überraschungen.

So ließ Blunck auf seinem Gelände den **ersten** Heider Turnplatz errichten.

Auch baute er für den Männerturnverein, der 1860 gegründet worden war, die **erste** Turnhalle mit einem Sandfußboden.

Auch den **ersten** Übungsplatz mit dem **ersten** Heider Steiger-turm, erbaut 1870 für die Turnerfeuerwehr, die sich 1869 gründete, finden wir auf dem Gelände des Tivoli.

Bluncks Nachfolger Rüter ließ die **erste** Schlittschuhbahn in Heide entstehen.

Damit nicht genug – auch ein Kino konnte recht früh im Tivoli bewundert werden.

Auf diese Neuerungen gehen wir noch näher ein.

Begonnen hat Hinrich Friedrich Blunck seine Bautätigkeit, wie gerade erwähnt, zu Beginn der 1840er Jahre.

Das erste Mal „aktenkundig" wird er 1840, als er ein Grundstück in der Österegge kaufte.

Im Februar 1843 lehnt die damalige Landvogtei einen Antrag Bluncks ab, auf der Österweide mehrere Wohnhäuser zu errichten, weil die Fläche unbebaut bleiben sollte.

So baute Blunck zunächst auf Kleinheide und ist für 1843 mit drei neu erbauten Häusern eingetragen.

1. Eines der ersten von Blunck erbauten Häuser Ecke Lüttenheid / Hölle (Foto 1950er Jahre)

Kleinheide, die Bezeichnung Lüttenheid gab es erst im 20.Jahrhundert, und Groths Mühle, die am Anfang der Feldstraße lag, bildeten das südliche Ende des Fleckens. Es gehörte zur Österegge. Auf dem Stadtplan von 1840 (Seite 6) ist die damalige Bebauung des Ortes gut zu erkennen.

Heinrich Blunck kaufte um 1840 zwei ertraglose und steinige Koppeln am südlichen Rand des Fleckens. Sie waren mehrere Hektar groß. Nach einem wohlüberlegten Plan wurden dort Bauplätze angelegt, so dass Heides erste geschlossene Siedlung, die „Bluncksche Colonie" entstand.

Bluncks Sohn Carl, geb. 1847, der seinen Vater als ersten Bauspekulanten von Heide bezeichnet, hat in seinen Erinnerungen festgehalten:

Heide war im Aufblühen, Wohnungsnot überall. Kleine, mit Ziegeln gedeckte Häuser wuchsen wie Pilze aus der Erde, einfach, ohne überflüssigen Zierrat, solide und zweckmäßig.

Für eine Summe von etwa 500 Talern waren sie käuflich, bei einer Anzahlung von 40 Talern. Der Rest des Kaufgeldes mit 5% jährlich zu verzinsen und in Raten von jährlich 20 Talern abzutragen. Die Termine: Maitag und Allerheiligen, bis zum Restbetrag von 250 Talern. Dann erfolgte die Eintragung in das Schuld-und Pfandprotokoll, und die Spar-und Leihkasse gab in dieser Höhe als 1. Hypothek das Geld zu einem niedrigen Zinssatz. Auf diese Weise kamen Minderbemittelte durch Fleiß und Sparsamkeit zu einem soliden Eigenheim, Haus – und Hofstelle.

Die meisten Häuser, die Blunck auf diesem bis dahin freiem Feld errichtete, waren klein. Noch heute gut zu sehen am Beginn der Feldstraße, Ecke Lüttenheid. Sie waren mit einem durchschnittlichen Steuerwert von 400 bis 600 Mark verzeichnet. Im Vergleich dazu war das Etablissement mit 12.000 Mark eingetragen. Zu der Zeit kostete ein Schwein 14 Mark, 1000

Stück Torf gab es für 3 Mark zu kaufen und der Durchschnittsverdienst lag zwischen 400 und 600 Mark im Jahr.

Der Baubeginn der Colonie liegt um 1845.
Blunck bekommt 1847 den Unmut der Östereggenkommune zu spüren, weil sich der Weg vor seinen dort neu gebauten Häusern in sehr schlechtem Zustand befand. Wenige Wochen später musste er deswegen einen Strafbeitrag zahlen.
Im Januar 1848, zur Zeit der Schleswig-Holsteinischen Erhebung, nahm Blunck, nicht zum ersten Mal, bei der Heider Sparkasse ein Darlehn über 4300 Silbertaler, zu 4% Verzinsung, auf, um seine Wohnhausbauten zu finanzieren.
Schon jetzt haftete er: *Insbesondere mit seinen sämtlichen Immobilien im Flecken Heide, bestehend in einem von ihm bewohnten Hauptgewese und acht Wohnhäusern nebst 8 Scheffel 21 Ruthen Landes.* Ein Heider Scheffel entsprach 1.480 m².
Im genannten Jahr bürgte er also mit seinem derzeitigen Haupthaus und acht Wohnhäusern!!
Über viele Jahre kamen immer neue Darlehen hinzu, für die er jeweils mit seinen Gebäuden und Ländereien bürgte.
Mit dem Kollegium des Fleckens hatte Blunck sich des öfteren überworfen, weil er sich über Bau- und Wegevorschriften hinwegsetzte.
Die bekannteste Angelegenheit dieser Streitigkeiten ist die Namensgebung der „Hölle" in Heide, die dem Himmelreich direkt gegenüber liegt. Das Himmelreich wurde im Volksmund so genannt, weil die „Kleinheider" hier den kürzesten Weg zur Kirche hatten.
An einem schmalen Weg an der sogenannten Süderweide, der auch als Postweg diente, erwarb Blunck von der Österegge und mit Zustimmung des Landvogtes, einen Bauplatz mit der Zusicherung, den Verlauf des Weges nicht zu verändern. Er baute

ein Eckhaus aber so, dass der Verlauf des bestehenden Weges, er hatte eine leichte Biegung nach rechts, abgewandelt wurde und jetzt eine direkte Verlängerung des Himmelreichs war. Dies erregte Unmut.

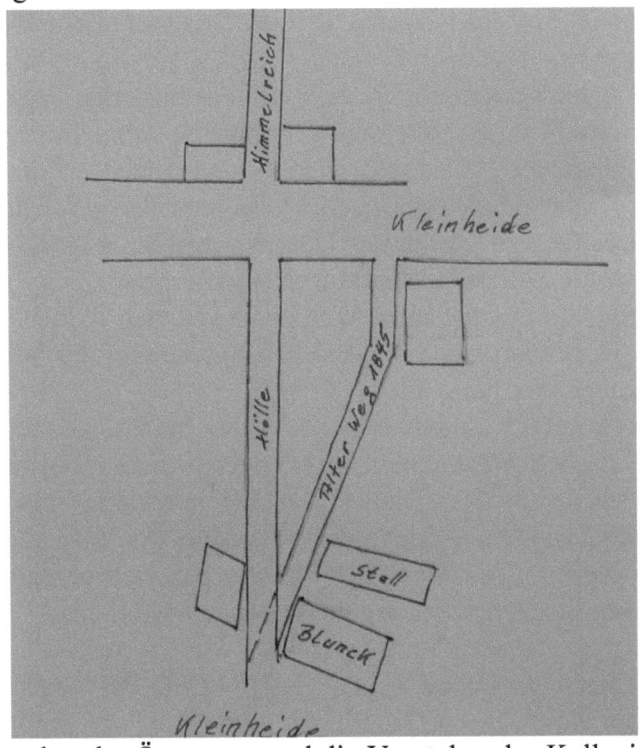

Die Vorsteher der Österegge und die Vorsteher des Kollegiums wollten diesen Bau nicht dulden und verlangten einen Baustopp.

Das Fleckenskollegium wies darauf hin, *dass weder die Zustimmung noch die Erlaubnis erteilt wurde, diesen Weg in eine gerade Linie mit dem sogenannten Himmelreich zu verlegen. Auch halte sie die Bebauung des zur Österegge gehörenden alten Weges und die dadurch herbeigeführte Sperrung desselben für eine eigenmächtige Handlung, die rückgängig zu machen sei.*

Um den Streit mit den Obrigkeiten beizulegen, bot Blunck an, *von seinem Privatgrundstück soviel Land herzugeben, wie für einen 20 Fuß (ein Fuß ca. 27 Zentimeter) breiten Weg erforderlich ist.*

Im Gegenzug forderte er, dass ihm der bisherige Weg überlassen werden solle. Außerdem verlangte er, wenn die Herstellung geschlossener Häuserreihen an beiden Seiten erfolgt sei, die Pflasterung des Weges nach Maßnahme der gesetzlichen Bestimmungen zu Lasten des Fleckens ausführen zu lassen. Darauf wollte sich das Kollegium nicht einlassen.

Diesen von ihm bebauten Weg nannte Blunck „Hölle".

Der Wegestreit, auch wegen der Unterhaltung des Weges, zog sich noch vier Jahre hin.

Blunck tat zur Unterhaltung desselben nichts. Die Wegekommision auch nicht. Schließlich endeten diese Auseinandersetzungen damit, dass Blunck sich bereit erklärte, das benötige Material (Sand und Kies) für den Ausbau des Weges zu liefern, aber nicht zu bezahlen. Der Flecken gab sich geschlagen und ließ auf Fleckensrechnung die Arbeiten ausführen.

Zu unterschiedlichen Zeiten von 1840 bis 1870 baute Blunck mal an dieser, mal an jener Ecke. Lüttenheid und die Süderweide mit der von ihm geschaffenen Hölle veränderten das Bild des Fleckens. Es wurde bald für andere Heider interessant, sich hier, zwischen den bereits bestehenden Villen, nieder zu lassen. Aber auch in der heutigen Husumer Straße, in der Meldorfer Straße, in Hohenheide, die Papierfabrik, im Grünen Weg, in Friedrichswerk und Rickelshof erschuf er neue Wohnhäuser. In den beiden zuletzt genannten auch für sich selbst.

Sein Wohnhaus in Friedrichswerk brannte 1870 nieder.

Im Jahr 1852 sollten auf dem Marktplatz die vielen vorhandenen Kuhlen eingeebnet und die Gräben zugeschüttet werden. Für diese Arbeiten waren die Bürger durch Hand- und Spanndienste verpflichtet. Das heißt, sie mussten die Arbeiten ausführen und Fuhrwerke zur Verfügung stellen.

Aus der Zeitung erfahren wir, dass Blunck und einige andere Heider diese Dienste ablehnten.

1857 sah sich das Kollegium genötigt, neue Straßennamen zu vergeben. Blunck hatte so emsig gebaut, dass die Süderweide den Namen Neue Anlage erhielt. Die Ecke von Kleinheide und Groths Mühle bekam den Namen Feldweg. Seine Straßen in der Colonie, Turnerstraße, Blunckstraße und Johannesstraße, blieben außen vor. Diese Straßennamen hatte Blunck so bestimmt.

Einige der Monitoren, sie waren die Aufseher des Fleckens, hatten sich persönlich einen Eindruck seiner dortigen Bauten gemacht und waren zu folgendem Schluss gekommen: *Da Blunck die Häuser ohne Ankündigung aufgestellt hatte, erachteten sie den Fall als nicht zur Kompetenz der Monitoren gehörend.*

In diesem Jahr wurde eine neue Verordnung zur Straßenreinigung hinsichtlich der Mistjauche aus den Ställen und Dungstellen herausgegeben. So mussten die Rinnsteine jetzt zweimal wöchentlich gereinigt werden.

Aber zurück zur Siedlung, „Bluncksche Colonie" genannt.

Am Ende der Blunckstraße befand sich ein riesiges, über einen Hektar großes Feld, welches Blunck auch aufgekauft hatte um hier ein Etablissement zu bauen, welches seinesgleichen suchte.

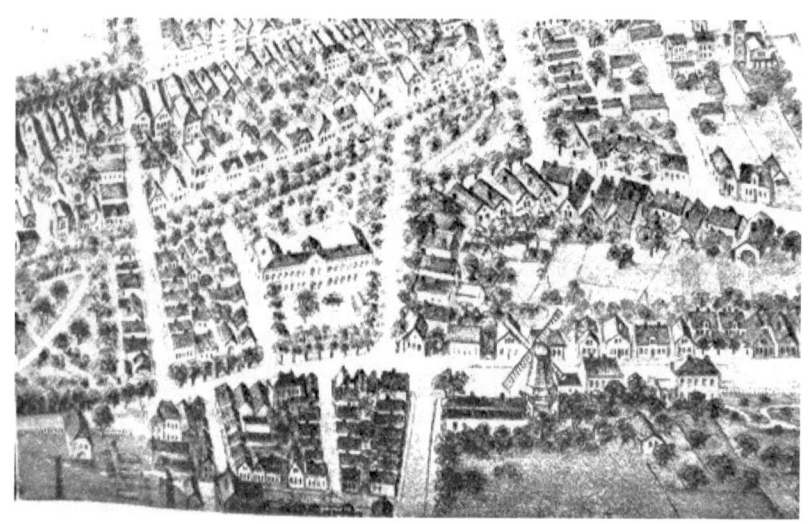

Eine Zeichnung von 1896, unten links die „Blunck Colonie"

Auf diesem Gelände hat Blunck für den Turnverein, der sich 1860 gründete, die erste Heider Turnhalle errichtet. Sie befand sich direkt an der Turnstraße und war mit einem Sandboden ausgestattet.

Am 2.Okt. 1860 wurde nach einem Übungsturnen, welches im ersten Vereinshaus des Turnvereins, dem Kolosseum, stattfand, *der Umzug um 4 Uhr geschehen, und nach einigen zur Einweihung des neuen Turnplatzes nebst Turnhalle gesprochenen Worten alsdann der Anfang des Unterrichts daselbst beginnen und eine Stunde währen.*

Für Knaben wurde der Turnunterricht später zweimal wöchentlich abgehalten, für Mädchen einmal wöchentlich.

Aber immerhin – auch für Mädchen.

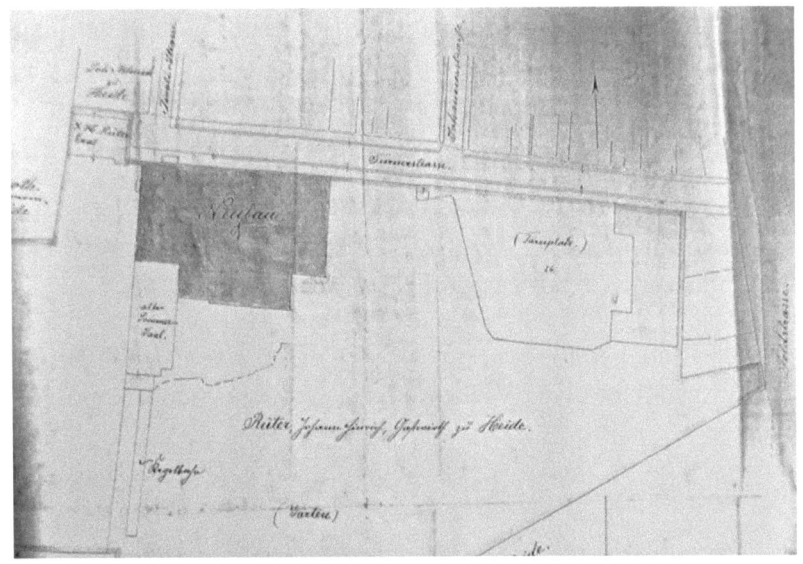

Ein Plan aus dem 19.Jahrhundert zeigt den Turnplatz mit Turnhalle (Turnhalle rechts im Bild neben dem Turnplatz).

Für den 2.Mai 1860 erfahren wir, dass *unsere Landsmännin, die Opernsängerin Doris Blanck im Blunckschen Saale ein Concert darbot und mit stürmischem Applaus belohnt wurde.*

Im Mai 1860!

Im Dezember 1860 gründete Blunck eine Aktiengesellschaft auf Darlehnsbasis mit 4% jährlicher Verzinsung. Das Aktienpaket beinhaltete 250 Aktien, größtenteils in Höhen von etwas über fünfzig Talern.
Die gesamte Darlehnssumme belief sich auf 13.333 Talern.

Die Aktienpapiere waren lithographisch sehr schön in hellblauen Farben gestaltet.

In der oberen linken Ecke zierte Bluncks Etablissement die Scheine.

Auch hier haftete Blunck mit zwei seiner Gebäude, die einen Versicherungswert von 14.000 Reichsmark hatten. Dieses Aktienpaket diente auch dazu, seine Turnhalle, die ja bereits eingeweiht wurde, zu finanzieren.

In der Blunckstraße wohnte C. Wäger, der eine Lithographische Anstalt betrieb. Vielleicht hat er die Aktienscheine entworfen?

Eines der litographierten Aktienscheine, von Blunck unterschrieben.
Links oben ist das Etablissement abgebildet!

Im Juni 1862 wurde Blunck wieder einmal aufgefordert, seinen Weg nach Vorschrift der Wegeordnung in Stand zu setzen.

Die Zeitung kündigt am **5.Juni 1862** an:
Die Gustav-Adolf-Feier wird am 18. Juni im Blunckschen Lokale stattfinden. Speisekarten zum Festessen sind im Landschaftlichen Haus zu kaufen.
Es wurde also auch 1862 im Etablissement gefeiert!

Immer wieder führten Bluncks Bauaktivitäten zu Streit mit den Vorstehern des Östereggens und des Fleckenkollegiums, weil er sich weder um Bauvorschriften noch um die Wegeordnung kümmerte.
Den Fall der Hölle kennen wir ja schon. Aber auch an den von ihm neu angelegten Straßen trug er keine Sorge für vernünftige begeh- oder befahrbare Wege. Die Straßen seiner Colonie waren zudem sehr abschüssig, wodurch das Regenwasser ungehindert nach unten fließen konnte. Rinnsteine hatte Blunck nämlich auch nicht verlegen lassen. Sowohl die Fußgänger, als auch Fuhrwerke blieben bei entsprechender Witterung in den schlammigen Wegen stecken.
Die Wegeaufseher entzogen Blunck 1864 den Zugang zu seinem Gebäude, weil er sich nicht um ordnungsgemäße Wege und die Reinigung eines Abzuggrabens gekümmert hatte. Blunck beschwerte sich bei den Monitoren und gab zu verstehen, dass seiner Meinung nach die Unterhaltung der Wege und auch die Reinigung der Gräben Fleckenssache sei, weshalb er die Arbeit und die ihm auferlegten Kosten daran ablehnte und von den Monitoren verlangte, dass sie einen Siel anlegten und ihm die Passage zu seinem Anwesen ermöglichten. Dies lehnten die Monitoren ab, weil der von Blunck angelegte Weg noch

17

nicht als Fleckensstraße anerkannt sei. Es endete damit, dass Blunck für die Kosten aufkommen musste.

In dieser Zeit war es noch üblich, dass Fäkalien entweder in Gräben, auf der Hofstelle oder einfach auf den Wegen entsorgt wurden. Allerdings gab es auch „Plumpsklos" für deren Entleerung erst in den 1850er Jahren Fuhrunternehmer beschäftigt wurden, die vom Flecken mit 400 Mark jährlich entlohnt wurden.

Sie kamen mit ihren Handkarren oder kleineren offenen Wagen nachts um die Extremente abzuholen. Bei Lampenschein wurden diese auf den Höfen in Eimer gegossen, und die Abfuhrleute schleppten sie zu den Wagen. Die Gefäße wurden dabei weder gereinigt, noch gewechselt. Bei der Entleerung ging so mancher Inhalt daneben, so dass Beschmutzungen der Gebäude, Höfe und Wege nicht ausblieben. Stundenlang hielt sich der üble Geruch in den jeweiligen Gegenden.

Erst 1896 wurden verschließbare Kübel angeschafft.

Auch das Kleinvieh, das gehalten wurde, verursachte Mist und Gerüche.

Zwischen den Häuserreihen gab es für die „Schietentsorgung" breitere Gänge, die zum Teil noch bis in 1960er Jahre erhalten waren.

Der breiteste dieser Wege ist der „Scheetgang", „Mistgang" genannt. Er liegt auf der Rückseite Feldstraße und der Bergstraße. Wir kommen noch darauf zurück.

1864 gab es in Heide 900 Wohnhäuser. Im II Quartier, Österegge, sind für Blunck als Eigentümer **18 Häuser eingetragen.**

Es war ein Jahr voller Ereignisse, denn der Krieg gegen Dänemark war gewonnen.

Im Juni besuchte der Erbprinz Friedrich von Augustenburg, den die Dithmarscher sich als neuen Herrscher wünschten, den

Flecken. Ihm zu Ehren wurde die Österstraße in Friedrichstraße umbenannt und die Rickelshofer nannten ihre an Heide grenzende Gemarkung jetzt Friedrichswerk.

Allerdings wurden Heides Regierungswünsche nicht erfüllt.

Bismarck durchkreuzte diese durch seine Politik und so stand auch Heide kurze Zeit später unter preußischer Regierung.

Am 28.Juli 1864 findet im Blunckschen Lokal ein riesiges Lehrerfest statt.

Von den 270 angemeldeten Lehrern blieben manche am Dienstag aus. Die Lücken wurden jedoch durch andere Lehrer und Schulfreunde ausgefüllt, welche im Vertrauen auf die Dithmarscher Gastfreundlichkeit die Reise auf Heide ohne Anmeldung unternommen hatten. Auch sie fanden freundliche Aufnahme und ward ihnen Quartier in verhältnißmäßig geringer Zeit verschafft.

An der Versammlung mögen wohl 400 Teilnehmern teilgenommen haben.

Nach dem Gottesdienst fanden sie sich bald danach zu Lehrervorträgen im Blunck`schen Lokal ein, dessen Räumlichkeiten meistenteils besetzt waren. Die Veranstaltung und das gereichte Mittagessen fanden vollste Zufriedenheit.

Der Landvogt Johannsen war anwesend und hielt die Festrede. Die äußerst froh erregte Gesellschaft blieb auch nach dem Festessen noch manche Stunde zusammen. Den jungen Damen Heides, die, geschmückt mit Landesfarben, so bereitwillig die Aufwartung bei Tische besorgt, wird schließlich ein Tänzchen zum Lohn.

Blunck's Etablissement.

Eine Zeichnung aus dem Jahr 1868

Bluncks Etablissement war als Wohnhaus, Wirtschafts-Etablissement mit Salon, Stall und Wohnung, mit Treibhaus und Gewächshaus eingetragen. Im Keller befand sich noch ein Schießstand und auch eine Kegelbahn im Garten gehörte dazu.
Die Kegelbahn befand sich außen am Ende des Sommersalons, südlich des Gebäudes.
Kegeln gehörte wohl zum Volkssport, denn es gab zu der Zeit 12 Kegelbahnen in Heide.
Eine riesige Gartenanlage verschönerte diese Heider Ecke.
Der Turnplatz und die Turnhalle bereicherten das Anwesen.
Neben Bluncks Etablissement, an der westlichen Seite, befand sich seine Handelsgärtnerei, die den Ort mit Bäumen und Büschen versorgte. Vor dem Etablissement war ein Brunnen gebohrt worden, so dass Wasser vor der Haustür aus der Pumpe geholt werden konnte.

Im Juni 1865 wurde Blunck erneut zu einer Strafzahlung verurteilt, weil er ohne Genehmigung zwei Pfähle an der Ecke Feldstraße, bei Groths Mühle, in die Erde gesetzt hatte.

Obwohl Turnhalle und Eablissement, wie wir gelesen haben, Jahre vorher fertig gestellt waren, ließ H. Blunck sich beides erst 1866 zuschreiben. Aus diesem Grund wurde wohl die Bauzeit den Zuschreibungen bisher gleichgesetzt. Die meisten seiner Gebäude ließ er aber erst dann, als neu erbaut, auf seinen Namen eintragen, wenn Vermietungen oder Verkäufe anstanden. So sind viele seiner Häuser, wie wir aus anderen Dokumenten erfuhren, älter, als das Datum der Zuschreibungen.

Im Januar 1867 nahm sich das Collegium Beschwerden von Anwohnern der Johannesstraße, Bergstraße, an.
Die meisten Gebäude dieser Straße waren inzwischen verkauft. Etliche Hauseigentümer hatten sich über den sehr schlechten Zustand der Straße beschwert. Sie war immer noch nicht gepflastert worden. Das Collegium verweigerte es, diesen Weg auf öffentliche Kosten pflastern zu lassen. Sie stimmte den Anwohnern aber zu, dass es sich um eine Straße handelt, weil es ein öffentlicher Weg zwischen zwei geschlossenen Häuserreihen sei. Sie äußerten sich dahingehend, dass der Unternehmer Blunck als Eigentümer dafür zuständig sei. Auch müsse er für die im argen liegende Wasserableitung aufkommen.
Allerdings unternahm dieser nichts.
Blunck verpachtet 1867 seine Handelsgärtnerei mit den dazugehörigen Gewächshäusern an den Gärtner F.C. Kruse.
In diesem Jahr hörte dann die kommunale Verwaltung der Eggen auf. Sie mussten ihr Eigentum an die Stadt übergeben. Auch die Archivbestände, Dokumente und Protokolle, das Bar-

vermögen und sämtlicher Immobilienbesitz gingen an die Stadt.

Im Herbst 1868 gab es wieder einmal Ärger für Blunck.

Die Polizeibehörde beklagte: *dass sowohl Blunck, als auch zwei weitere Heider Wirte seit mehreren Jahren jeden Sonntag und auch häufiger innerhalb der Woche Tanzbelustigungen veranstalteten, ohne die dafür benötigte, seit 1841 vorgeschriebene, Erlaubnis bei der Polizeibehörde eingeholt zu haben und auch ihre Pflichtabgaben an die Armenkasse nicht gezahlt hätten. Außerdem würden diese Tanzveranstaltungen überwiegend von unbemittelten Personen besucht, die dadurch Ausgaben hätten, die nicht mit ihrem Einkommen in Einklang stehen würden. Und diese Gelage würden bis spät in die Nacht hinein dauern.*

Das Schreiben war an die Kirchspielsvogtei gerichtet und es darf davon ausgegangen werden, dass eine Erledigung der Angelegenheit gefolgt hat.

Es war also zu der Zeit schon einiges los im „Blunckschen Etablissement"!

In dem bereits erwähnten Treib- und Gewächshaus, beide befanden sich auf dem Gelände der heutigen Gärtnerei Oesterreich, wurden Pflanzen und Obstbäume gezogen. In späteren Jahren fanden hier Gartenschauen statt, die weit über die Grenzen Heides hinaus bekannt waren und zahlreiche Besucher anlockten. Eine Mitteilung in der Heider Zeitung vom September 1887 zeigt an, dass eine Gartenbauausstellung mit Obstmarkt im Tivoli stattfand.

Die Vielfalt des Angebotes im Inneren des Tivoli zeigt ein Foto (Seite 57) aus dieser Zeit. Der ganze Saal war mit Pflanzen aller Art angefüllt. Der Parkettfußboden hat viel aushalten müssen.

Heide wuchs stetig und Blunck sorgte durch seine Bautätigkeiten für Wohnraum.
Die Einwohnerzahl hatte sich auf über 7000 erhöht.
Blunck wohnte inzwischen mit seiner Familie in Rickelshof.

In einem Verzeichnis der Heider Gewerbebetriebe von 1869 finden sich folgende Einträge:
Blunck H.F. Maurermeister, Blunck-Etablissement, Salon, Schießstand, Blunckstraße
Rickelshof Blunck H.F., Baumeister
In der Friedrichstädter Chaussee, Marschstraße, besaß Blunck inzwischen ein Zement- und Holzlager, eine Bierwirtschaft und sogar eine Badeanstalt, die von einem der Söhne geführt wurden.
Im Juli 1869 erhielt Heide die kleine Städteordnung und führte seit Juni 1870 den Titel Stadt.

Heute, Sonnabend den 13. Februar 1869

Bürgerversammlung

im Locale des Herrn Blunck

zum Zweck der Verlesung eines nochmaligen Gesuches um Zurücksetzung Heide's in die dritte Gewerbesteuer-Abtheilung.

Das Comite.

Mit dem Müllermeister August Blaas hatte sie ihren ersten, unbesoldeten, Bürgermeister. Er erhielt lediglich 300 Taler Aufwandsentschädigung. 1896, nach seinem Rücktritt, wurde er zum ersten Heider Ehrenbürger gewählt.

Im Jahr der Einführung der kleinen Städteordnung gründeten Heider Turner des Männer-Turnvereins die Freiwillige Turner-Feuerwehr, deren erste Generalversammlung bei Gastwirt Blunck stattfand!

Zwar hatte seit 1847 eine Feuerwehr bestanden, allerdings galt sie inzwischen als sehr unzuverlässig und unorganisiert. Die jetzige neue Wehr glänzte hingegen mit preußischer Disziplin. Sie hielt regelmäßige Übungen ab und wurde mit den modernsten Löschmitteln der Zeit ausgestattet.

2. Die Turnhalle und rechts der Steigerturm

Blunck ließ 1870 auf seinem Grundstück, neben der von ihm erbauten ersten Heider Turnhalle, einen „Steigerturm" für Übungszwecke der Wehr errichten. Die Steiger waren hochangesehene Männer bei der Wehr, weil sie mit ihren Leitern dem Feuer am nächsten waren.

Im selben Jahr rückte die neue Wehr aus, um einen Großbrand in Friedrichswerk bei Blunck zu löschen!

Die „Colonie" hatte vielen Menschen würdigen Wohnraum gegeben und wir fanden heraus, welchen Tätigkeiten sie nachgingen.

Die Turnstraße war ja, wegen Turnhalle und Turnplatz, nur auf einer Seite bebaut. Dort lebten neun Familien. Ein Tischler, sechs Arbeiter und zwei Arbeiterinnen sind hier zu finden.

In der Bergstraße wohnten 28 Familien.

11 Arbeiter, 3 Schuhmacher, 2 Handelsmänner, und jeweils 1 Abdecker, Eisenbahnpacker, Nagelschmied, Küster, Pantoffelmacher, Maurer, Hausierer, Schneider, Tischler, Höker, Schlachter und Lohgerbergeselle.

Die Tivolistraße, in der auch größere Häuser gebaut waren, beherbergte 16 Familien. Hier lebten die wenigsten Arbeiter, nämlich nur drei. Die anderen Tätigkeiten waren jeweils: Schuhmacher, Schneider, Musicus, Schmied, Seifensieder, Schlosser, Fuhrmann, Zigarrenmacher, Stellmacher und Gastwirt.

Blunck's Etablissement.

Dem geehrten Publicum zur gefälligen Anzeige, daß die Acrobaten-, Seiltänzer- und Pantomimen-Gesellschaft L. Techow die Ehre haben wird, am Sonntag und Montag große außerordentliche Vorstellungen zu geben; bestehend in Seiltanz, Vorstellung der höheren Gymnastik und Besteigung des hohen Thurmseils. Entree 1. Platz 6 ß, 2. Platz 4 ß, Kinder die Hälfte. Anfang 4 Uhr. Das Nähere besagen die Zettel.

Eine Werbung Bluncks findet sich am 20. August 1870

Verloren!

Von der Meldorfer Chaussee bis Heide ist Sonntag ein Notenbuch verloren. Der Finder wird gebeten, selbiges gegen Belohnung in

Blunck's Etablissement

abzugeben.

Mai 1870 – hoffentlich gab es einen ehrlichen Finder.

Im Jahr 1872 kaufte Johannes Blunck von seinem Vater das Etablissement mit dem zugehörigen Gelände einschließlich Turnhalle. Zuschreiben ließ er sich alles erst drei Jahre später.

Für den März des Jahres erfahren wir, dass die Schulkommune mit dem Turnverein und H. Bluncks Sohn Johann einen Vertrag bezüglich der Turnhalle geschlossen hatte.

Die Schulkommune überweist jährlich 100 Mark Miete an J. Blunck und sorgt für Instandhaltung der Turnhalle und der Geräte. Der Turnverein und die Feuerwehr dürfen Halle und Platz für ihre Übungen kostenfrei nutzen. Das Mädchenturnen wird außerhalb der Schulzeiten ein Mal wöchentlich erlaubt.

Der Vertrag läuft auf 10 Jahre und die Miete wird jährlich an Blunck überwiesen.

Der Turnrat übernimmt die Beaufsichtigung der Geräte.

Sollte für den Turnunterricht Lehrermangel herrschen, übernimmt der Turnrat und Steigerführer Heinrich Haarländer den Unterricht.

Turnplatz.

3. Eine Zeichnung des Turnplatzes zu Beginn des 19.ten Jahrhunderts.

Im Mai 1872 hat Hinrich Blunck sämtliche Darlehen zurückgezahlt. Er war schuldenfrei und vermögend. Seinen gesamten Besitz übertrug Blunck per Generalvollmacht an seine Frau. Mit Ausnahme des Etablissements und allen zugehörigen Gebäuden, welche sein Sohn Johann schon vorher erworben hatte.

Im August 1872 wurde im Etablissement von Johann Blunck
die Generalversammlung der Heider Volksbank abgehalten.

General-Versammlung
der Heider Volksbank
e. Genossenschaft,

am **Sonnabend, den 24. dS. Monats,**
Nachmittags 4½ Uhr
im Locale des Herrn Joh. Blunck.

Tagesordnung:

1) Rechnungsablage und Geschäftsbericht;
2) Berichterstattung vom Unterverbandstage;
3) Erörterung event. Beschlußfassung über die Frage,
   ob es nothwendig, daß für — Sonnabend-
   Morgen Geschäftsstunden eingerichtet werden;
4) Besprechung des in der vorigen Generalversammlung vom Herrn J. D. Muhl gestellten An-
   trages auf Revision des Statuts;
5) Ausschließung eines Mitgliedes;
6) Entgegennahme etwaiger Beschwerden.

A. Blaas, p. t. Vorsitzender.

Johann Blunck führte seine Handelsgärtnerei seit Februar 1875
wieder unter seinem Namen. F.C. Kruse eröffnete an der Wes-
terweide seine eigene Handelsgärtnerei.

Der Pferdemarkt, der am 06. Februar auf dem Marktplatz stattfand, lockte zahlreiche Besucher in die Stadt. *Schon zur Mit-
tagszeit war die Localität bei Blunck gut gefüllt, und so man-
ches Tanzbein wurde geschwungen.*

Am 10. Oktober fand die Gründung des Gartenbau Vereins im
„*Blunck'schen Locale*" statt. Eine Ausstellung von Gartenbau
und Ackererzeugnissen in Bluncks Räumen begleitete die
Gründung. Am 23. Oktober wurde die Generalversammlung
des neuen Vereins natürlich auch bei Blunck gefeiert.

Im Februar 1876 sollte eine Feier zum Todestag von Dr. Theodor Griebel, gebürtiger Heider, Beamter und Politiker stattfinden. Th. Griebel war Privatsekretär des damaligen Herzogs
Friedrich VIII und in Dithmarschen hochgeschätzt und verehrt.

Die Versammlung begann in Bluncks Lokal. Von dort ging es zum Friedhof und anschließend zu einer Nachfeier zurück in Bluncks Lokal.

Am 01. Oktober 1876 fand im Bluncks Etablissement eine riesige Gartenausstellung statt. Dies war dann auch die letzte Veranstaltung, die Johann Blunck durchführte.

Vielleicht hat sich Johann Blunck eher als Baumeister, denn als Schankwirt und Gärtner gesehen. Wie auch immer, er verkaufte am 3.Oktober 1876 das „Bluncksche Etablissement" mit den dazugehörigen Gebäuden und Nebengebäuden, mit Sommersalon, Kegelbahn, Treibhaus und Turnhalle für 78.000 Mark an Johann Heinrich Rüter (44 Jahre alt).

Selbst die Zeitung erwähnt dies mit der kurzen Nachricht, dass ein Herr Rüter das „Bluncksche Gewese" mit Inventar gekauft hat.

1878 baute Hinrich Blunck, inzwischen als Rentier eingetragen, in Rickelshof ein Wohnhaus für sich.

Lange konnte er sein neues Gebäude jedoch nicht genießen, denn er starb dort am 6. August 1879.

Da auch die Lohe-Rickelshofer Bewohner auf dem Zütphen Friedhof in Heide begraben werden durften, wurde er dort auf einem Familiengrabplatz bestattet. Seine Grabstätte ist heute noch erhalten.

Im November 1881 wurden die Straßen der „Bluncкschen Colonie" an die Stadt Heide überschrieben.

Da für die Umschreibungen jeweils Gebühren erhoben wurden, bat Johann Blunck um Vergütung der Kosten in Höhe von 8 Mark und 30 Pfennig. Dies wurde abgelehnt.

Im Mai 1882 wurde endlich die Pflasterung der Straßen der „Colonie" und der Bürgersteige angeordnet. Für die Kosten waren 7.600 Mark veranschlagt worden. Im selben Jahr benannte die Baukommission der Stadt Bluncks Straßen um.

So wurde aus der Blunckstraße die Tivolistraße, aus der Johannesstraße die Bergstraße und aus der Turnerstraße die Turnstraße. Damit verschwand der Name Blunck aus dem Stadtbild. Der verstorbene Blunck hat diese Schmach nicht erleben müssen.

Bis heute gibt es ihm zu Ehren keine Straße in Heide, die seinen Namen trägt.

Am 22.August 1885 stirbt Frau Blunck in Lübeck. Sie lebte dort nach dem Tode ihres Mannes bei ihrem Sohn Carl, der 1876 dorthin umgesiedelt war. Sie wird nach Heide überführt und im Familiengrab beigesetzt.

Damit schließt sich die Ära Blunck und die der Rüters beginnt.

Aber darauf kommen wir im nächsten Kapitel zurück, weil wir die Entwicklung der „Colonie" noch einen Moment im Auge behalten wollen.

4. Bluncks Grabplatz auf dem Heider Zütphenfriedhof

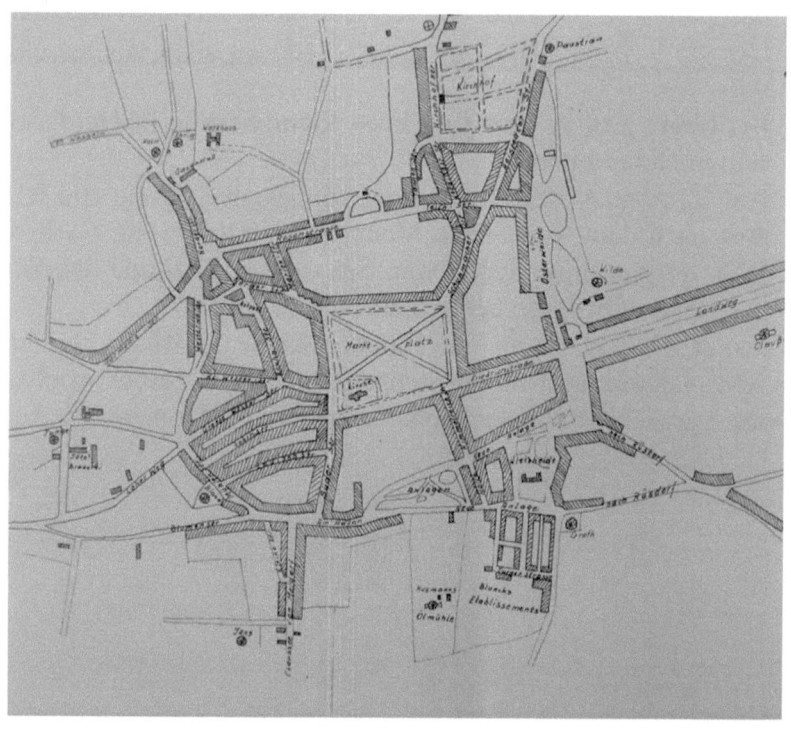

Bluncks Colonie entwickelte sich zu einem belebten Viertel. Viele der kleinen Handwerker versuchten, als Selbständige mit einem Gewerbe ihr Einkommen zu verbessern. Auf dem Plan von 1876 wird ersichtlich, wie umfangreich Bluncks Bautätigkeiten gewesen waren.

5. Ein Blick in die Tivolistraße um 1930. Links das Gebäude, in dem Bäcker F. Augustin wohnte, rechts noch die alte Gaslaterne.

Im September 1919 wurde seitens der Heider Baukommission beschlossen, die Tivoli-, Berg- und Turnstraße neu zu pflastern und zeitgleich die noch vor den Grundstücken befindlichen Treppenstufen zu entfernen. Die Besitzer der Treppen (Tivolistr. 2-4 und 9) erhielten als Entschädigung 800 Mark von der Stadt gutgeschrieben.

Die Kosten der Neupflasterung wurden entsprechend der Grundstücksgrößen umgelegt. So mussten zwischen 150 bis 400 Mark aufgebracht werden. Der größte Einzelposten in Höhe von 926 Mark kam auf den Besitzer des Tivoli, Herrn J. Rüter, zu.
Da einige Hauseigentümer nicht in der Lage waren, die Kosten in einer Summe zu zahlen, wurden monatliche Ratenzahlungen in Höhe von 5 bis 20 Mark vereinbart.

Ausführende Firma dieser Straßenbauarbeiten war August Herbst, Eisenbahn-, Straßen- und Tiefbau, in der neuen Rüsdorfer Straße am Staatsbahnhof in Heide.

In der Bergstraße ist diese alte Pflasterung noch erhalten. Hoffentlich bleibt es so!

6. Das alte Kopfsteinpflaster in der Bergstraße

Die Nachkriegsjahre waren dem Aufbau gewidmet und so siedelten sich auch in der „Blunckschen Colonie" immer mehr Geschäfte an. In den 1950er Jahren finden wir folgende vor:

In der Tivolistraße:

Nr.1 Friedrich Augustin, Bäckerei

Nr.1 Gerda Drömmer, Kaffee

Nr.2 August Off, Gaststätte
Nr. 6 Johann Kraczewski, Klempner
Nr. 8 Herta Kühl, Molkereiprodukte
Nr.10 Hans Ungereit, Maler
Nr.20 Josef Resch, Schneiderei
In der Turnstraße:
Nr.2 Tivoli, Besitzer Siegfried Bartsch
Nr.2 (Turnhalle) Wilhelm Mesterheide, Autoreparatur
Nr.7 Louis Rossi, Terrazzoleger
Nr.11 Irmgard Tielitz, Lebensmittel
Nr.17 Mary Tiedje, Schneiderei
In der Bergstraße:
Nr.2 Karl Lütje, Lesezirkel
Nr.4 Else Ketels, Schneiderei

Wer erinnert sich nicht auch an die „Quickklause", an der Ecke Tivolistraße gelegen? So manche Disconacht wurde dort verbracht. 2016 kaufte Mehmet Öney das Haus und richtete nach erheblichen Umbaumaßnahmen die „Quick Shisha Lounge" ein. Wir waren angenehm überrascht, als wir das gelungene Ambiente angesehen haben. Ein Foto von Seltenheitswert, folgende Seite, zeigt noch das Vorgängergebäude. Dieses von Blunck erbaute Gebäude Nr. 2 gehörte ursprünglich zur Tivolistraße, weil sich die Eingänge des Gebäudes dort befanden. 1876 kaufte es der Zigarrenmacher J.H.W. Off und errichtete darin eine Herberge, die erst 1907 in eine Gastwirtschaft mit dem Namen „Quickborn-Klause", Jungbrunnen, umgewandelt wurde. 1928 wurde es an Claus Butenschön verkauft, der den Eingang auf die Seite Kleinheides verlegte. Durch die entsprechende Hausnummer gehört es seither nicht mehr zur Tivolistraße, sondern zu Lüttenheid Nr.77.

1943 wurde das Haus während des Krieges stillgelegt und 1945 von August Off, dem Enkel, zurückgekauft. 1957 fügte der an der Rückseite einen Anbau an, der die Häuser verband. Auch kaufte er das nebenan stehende Haus auf Kleinheide. 1958 wurden die beiden Gebäude zusammengelegt und mit Klinker verblendet.

7. Die Diamantene Hochzeit des Ehepaars Böhmke um 1950 vor der Quickklause von August Off, Tivolistraße 2. Beachten Sie bitte die alte Pflasterung von 1919. Rechts oben am Gebäude das Einbahn-straßen-Schild.

Im linken Gebäude befanden sich Eingang und Küche der neuen Gastwirtschaft, im rechten der Clubraum, im hinteren Anbau der Gastraum. Schon 1907 gab es eine Verbindung der Gebäude im Innenbereich. Hierfür mussten die Brandmauern um 20cm verstärkt werden.

Das heutige Gebäude ist also aus drei Parzellen zusammengesetzt und hat eine Größe von 356 Quadratmeter.

Die Ansicht der „Quick Klause" nach 1958. Ab 1971 gab es noch zwei mal einen Besitzerwechsel, dann folgte mehrere Jahre Leerstand, bis jetzt durch die „Quick Shisha Lounge" wieder Leben einkehren kann.

Auf der gegenüberliegenden Straßenseite der „Quick-Shisha Lounge" wurde 1862 das von Hinrich Blunck neuerbaute Haus an den Zuckerbäcker Ritter verkauft. Bis 1973 waren hierin immer Bäcker ansässig.

Interessant ist die über Eck gebaute Eingangstür, die noch auf dem Foto zu sehen ist. In der Hölle 2, auch von Blunck erbaut, ist ein solcher Eingang noch erhalten.

8. Das Gebäude Ecke Tivolistraße- Lüttenheid um 1950. Friedrich Augustin hatte hier seine Bäckerei.

Der Strommast steht noch vor dem Haus, die Ecktür und die Pflasterung von Kleinheide sind noch vorhanden.

Seit 1939 hatte sich hier Bäcker Friedrich Augustin niedergelassen. 1945 wurden verschiedene Umbaumaßnahmen durchgeführt.

Bis 1973 blieb die Bäckerei in diesem Gebäude, dann wurde es verkauft und noch einmal umgebaut. Der Eckeingang verschwand.

9. Frau und Herr Augustin bei der Einkehr des Morgenzugs des Östereggen-Hahnebier in den 1960er Jahren.

10. In der Tivolistraße 8 stehen Nanny, Otti und Werner Johannsen 1940 vor dem Milchgeschäft ihrer Eltern. Später war hier Milchmann Kühl anzutreffen.

Am Anfang der Feldstraße wohnte Familie Druve. Frau Druve war als Fischfrau bekannt – verkaufte sie doch in ihrem Haus frischen Fisch. Ihre Söhne sind älteren Heidern sicher noch ein Begriff. Ernst August war Torwart beim HSV und später erster Führer beim Östereggen-Hahnebier. Der jüngere, Willi, war Feldspieler beim HSV.

Frau Beyer in der Bergstraße wollen wir nicht vergessen. Bei ihr gab es sehr leckeres Eis, welches sie in einer Austernförmigen Waffel für 10 Pfennige über den Tresen, der sich auf der Rückseite des Hauses, nämlich am Mistgang, befand, reichte. Schon in der Kriegszeit war es für Kinder ein Segen, für einen Groschen eine große Eiskugel bei „Oma Beyer" kaufen zu dürfen.

11. Frau Beyer vor ihrem Haus in der Bergstraße

12. Was für eine originelle Werbung!

Alles in allem hatte sich die Colonie zu einer belebten Siedlung entwickelt, in der eine sehr gute Nachbarschaft gepflegt wurde. Das belegt auch die Erzählung eines ehemaligen Anwohners. Er berichtete davon, dass die Anwohner/innen der Bergstraße in den 1950er Jahren des Abends mit ihren Schlafanzügen noch vor den Haustüren saßen um über die Ereignisse des Tages zu plaudern. Die Bezeichnung „Nachtjackenviertel" hielt sich über viele Jahre.

Heute sind von 14 Geschäften/Betriebe nur noch drei geblieben.
Die Gärtnerei Oesterreich, die Schmiede und Kunstschlosserei von Peter Rosin und das Konzert- und Ballhaus Tivoli von Peter Bartsch.
Bei allen in der Blunck-Colonie erbauten Häusern gibt es nur ein einziges mit einem Vorgarten. Es befindet sich in der Bergstraße Nummer 5.
Eine andere Besonderheit findet sich an dem Eckhaus Tivoli/Turnstraße, denn das Gebäude verfügt über zwei Hausnummern. Jeweils eine für die jeweilige Straße.

Seit der Nachkriegszeit unterlagen die „Blunckschen" Häuser natürlich baulichen Veränderungen, die, der Zeit entsprechend, notwendig geworden waren. Zum einen wurden Wohnräume in der Größe verändert – Mauern entfernt, neue Räume geschaffen – zum anderen wurden Badezimmer eingerichtet. Die letzten Plumpsklos verschwanden erst in den 1960er Jahren.
Die meisten Plumpsklos befanden sich in einem kleinen Anbau und waren nicht größer als 1x1 Meter. Die „Goldeimer" wurden zum Entleeren mit einem Handwagen zur Gärtnerei Oland gebracht. Am südlichen Ende der Gärtnerei gab es einen Wall mit dem Hinweisschild: Eimer hier.

13. Wer kennt noch die Tür mit dem „Herzen"?

Wer konnte, hielt sich einige Schweine in den kleinen Ställen auf den Grundstücken. Schweine wurden zumeist einmal im Frühjahr und einmal im Herbst geschlachtet und mit der Familie verarbeitet. In einigen der Schweineställe gab es später auch die großen Waschzuber. Die große Wäsche fand gewöhnlich am Montag statt. Schon früh um vier Uhr heizten die Frauen ihre Waschkessel ein. Für das Wasser gab es oft noch die alten Pumpen in den Ställen.

In der Bergstraße gibt es einen der wohl größten Kellerräume der Colonie. Er misst 13 Quadratmeter, hat eine Höhe von 1,80 m, abgeteilte, gemauerte Nischen und eine Gewölbedecke. Die gemauerte Treppe, die hinab führt, ist ziemlich ausgetreten. Kein Wunder, denn sie stammt noch aus der Bauzeit von 1847. Zwei Abteile waren für Kohlen und Kartoffeln vorgesehen. Durch 2 Kellerfenster konnten diese direkt von außen in den Keller befördert werden. In den Regalen der Nischen wurden Weckgläser und Dosen aufbewahrt. In einer Pökeltonne lagerten große Fleischstücke aus der eigenen Schlachtung. Im Kelleraufgang hing, in einem Leinentuch eingewickelt, der geräucherte Schinken.

Dieser Keller bot im Zweiten Weltkrieg während der Fliegeralarme für einen großen Teil der Nachbarschaft Unterschlupf.

Einen sogenannten Grundgang gab es zwischen den Häusern Bergstraße 10 und 12. Er führte zur Tivolistraße. Hier vergnügten sich viele Heider Kinder in der Winterzeit mit ihren Schlitten. Weil es so schön abschüssig war, brachte es ihnen Spaß, diesen Weg hinab zu sausen.

Ansonsten spielten sie Verstecken mit „Anschlag" an den Strommasten, Messerpick, Murmeln, Ballspiele, Hinkepott und natürlich Fußball auf dem Sportplatz in der Turnstraße.

Eine andere Abzweigung gab es von der Bergstraße quer durch zu Bäcker Strobach auf Lüttenheid. Dieser kleine Weg wurde Strobachgang genannt. Er führte direkt zur Backstube und wurde genutzt, um selbst hergestellten Brotteig dort abzugeben. Einige Stunden später konnte dann das frisch gebackene Brot wieder abgeholt werden.

In den 1960er Jahren verfügten dann auch die letzten Häuser über Badezimmer und das lästige Eimerschleppen nahm ein Ende.

Aber auch etliche Fassaden erhielten in diesen Jahren neue Gesichter. Teils durch anderen Verputz, Verklinkerung oder Umbauten.

Immerhin kann festgestellt werden, dass Hinrich Blunck in sehr guter Qualität gearbeitet hat, denn die Bausubstanz der Gebäude ist bis heute in gutem Zustand!

Die größten baulichen Veränderungen jedoch hat die Turnstraße erlebt.

Dort wo einst die Turner ihre Halle hatten, wo die Feuerwehr auf ihrem Steigerturm üben konnte, wo der Kindergarten die Kleinen behütete, wo einst Mesterheide seine Autowerkstatt hatte, wo Laupichler sich mit seinem Reifenhandel niederließ, entsteht seit 2016 ein neuer Wohnkomplex mit 24 Wohneinheiten.

14. Die ehemalige Turnhalle wurde zur Autowerkstatt

45

Nachdem Horst Peters sich lange um den Erhalt des alten Straßennamen Mistgang bemüht hatte, beschloss der Bauausschuss am 2.April 2011 dem Verbindungsweg zwischen Lüttenheid und Turnstraße offiziell den Namen „Mistgang" zu geben. Am 24. Juni 2011 wurde der Weg feierlich mit einem Straßenschild versehen.

15. Der Hökerladen von Klena auf Kleinheide um 1900. Vor dem Haus Tante Grete, Oma Klena und Tante Anna Klena.
Links im Bild der Mistgang.

16. Horst Peters 1945 mit seinen Schwestern Elfriede und Ilse vor der hinteren Eingangstür, die nur 165 cm hoch war. Rechts ist das angebaute Plumpsklo zu sehen.

17. Horst Peters mit seinen Schwestern im Vorgarten 1941

18. Im Garten der Bäckerei Strobach 1930er Jahre

19. In der Bergstraße auf einem „Türdrüssel" sitzen Harald Lütje, Helga Matthies und Marion Fischer in den 1940ern.

20. Helmut Schöbel, Gerdi Pöhls, Magrit Prien, Ernst Rönnau in den 1950ern vor dem Garten in der Bergstraße.

21. Ulla, Bernd und Helga Böhmke 1940 im Hinterhof der Feldstraße. Der Hinterhof grenzte an den Mistgang.

Das Tivoli

Wie bereits erwähnt, kaufte Johann Heinrich Rüter das Gebäude 1876 und ließ es sich zwei Jahre später zuschreiben.
War Rüter gebürtiger Heider? Nein!
Er war der Sohn des Landmanns Johann Jürgen Heinrich Rüter.
Geboren wurde er 1832 in Escheburg, Herzogtum Lauenburg.
Dort heiratete er auch seine Frau Catharina Maria Margarethe, geb. Schmal.
Im Jahr von Rüters Geschäftsübernahme gründete sich der Turner-Gesangsverein – natürlich in Bluncks Etablissement!

Im August 1877 fuhr die erste Eisenbahn in Heide ein und damit trat ein neues Zeitalter an.
Aus Neumünster kommend wurde der erste Zug in Heide feierlich begrüßt. Die Fahrt ging weiter nach Karolinenkoog, wo die Fahrgäste bis an die Eider gebracht und dort mit dem Dampfer nach Tönning befördert wurden.
Mobilität sowohl für Waren, als auch für Menschen führte zu neuerlichem Aufschwung der kleinen Stadt.
Auch die Postbeförderung wurde auf die Bahn verlegt.
Wie hätte sich unsere Stadt wohl entwickelt, wenn die Bahngleise nach ursprünglichen Plänen quer über den Marktplatz gelegt worden wären? Oder wie hätte sich das Stadtbild verändert, wenn der Bahnhof nach genau diesen Plänen an die Neue Anlage gelegt worden wäre?
In den folgenden Jahrzehnten kamen mit der Eisenbahn auch die Zirkusse in unsere Stadt. Was für ein Schauspiel mag das gewesen sein? Noch gab es keine Fernsehgeräte, aus denen die wilden Tiere vertraut waren. Und wer erinnert sich noch, wie aufregend es war, wenn in den 60er Jahren des zwanzigsten

Jahrhunderts der Zirkus Krone mit seinen Elefanten vom Bahnhof durch die Straßen der Stadt bis zum Marktplatz spazierte?

Im August 1879 gibt es diese Vorankündigung für eine Gartenbau-Ausstellung im Local des Gastwirths Rüter

Im Todesjahr von H. F. Blunck, 1879, ließ J. H. Rüter das Etablissement umbenennen. Fortan heißt es Tivoli und unter diesem Namen wirbt Rüter bereits im Adressbuch der Stadt Heide 1880.

Zu Beginn des Jahres 1880 beklagte sich der Gastwirt Rüter
beim damaligen Bürgermeister Blaas darüber, dass der Bauun-
ternehmer J. Blunck die Bäume fällt, die zu Norden der Turnstraße stehen und wollte wissen, ob Blunck dazu berechtigt sei.
Johann Blunck, von dem Rüter das Etablissement gekauft hatte, war über viele Jahre sein Nachbar.
Aus der Antwort des Bürgermeisterbüros erfahren wir, dass
die Witwe Blunck ihren ganzen Besitz ihren Kindern über-

schrieben hat und Johann Blunck die *Eggenkoppeln, worauf die „Blunckerei" erbaut ist, sowie die Straßen dieses Bauplatzes geerbt hat.*

Eine Schenkung der Straßen an die Stadt hatte diese wegen der Entwässerungsangelegenheiten bisher abgelehnt. Dadurch wird klar, dass J. Blunck in seinen Straßen machen konnte, was er wollte.

Die Entwässerung der Straßen war und blieb ein Thema.

So verweigerte die Stadtvertretung, die Kosten für die Entwässerung der Straßen zu übernehmen.

Die Stadt sieht keinerlei Verpflichtung zur Tragung der Kosten – diese seinen nur von Blunck zu bestreiten.

Es müssen wahrlich unhaltbare Zustände in den abschüssigen Straßen geherrscht haben. Nicht umsonst versuchte Johann Blunck, diese an die Stadt zu verschenken.

Auch im Oktober 1880 ging es um die Entwässerung. Jetzt war die Kommission zumindest bereit, auf dem „Rüterschen Grundstück", also auf dem Gelände des Tivoli, eine Schlammkiste zur Reinigung des Abflusswassers auszulegen.

Im Oktober 1880 ist der Gastwirt J.H. Rüter im Bauconsens eingetragen, weil er einen Erweiterungsbau und Anbau einer Bühne zu seinem Salon in der Schankwirtschaft beantragte, die im Dezember fertiggestellt waren.

Die Stadt Heide gab ein Adressbuch heraus und unter Vergnügungs-Anzeigen findet sich:

Concerte: Mittwoch und Sonntag Tivoli J.H. Rüter
Gastwirtschaften: J.H. Rüter (Tivoli) Turnstr. 4
Sommer-Theater: Tivoli J.H. Rüter Turnstr. 4
Gesangsverein: Turnstr. 2, Tivoli, Gastwirth Rüter
Turnverein: Vereinslocal Rüters Turnhalle, Turnstraße

Am 22. Juni 1882 gab es für das anstehende Feuerwehrfest die Vorankündigung einer Menagerie, die im Tivoli auftreten würde.

Mit Erstaunen lesen wir, dass *Königstiger, afrikanische Löwen, eine Leopardengruppe, Hyänen und Wölfe, Silberlöwen, eine Sammlung von Vögeln und Affen und ein Nilpferdschwein angekündigt wurden. Da die Preise billig gestellt sind, dürfte der Besuch ein recht reger werden.*

All diese Tiere in den Räumen des Tivoli!

Eine nächste Anzeige verrät, dass nach dem Feuerwehrfest gleich wieder eine Veranstaltung auf die Heider wartete.

Nämlich ein Gartenkonzert mit Ball.

Im Oktober kündigte sich der Zirkus Blumenfeld für mehrere Vorstellungen an. Diese fanden auch in den Räumen des Tivoli statt. Es wurde mit 40 Personen, Künstler ersten Ranges, und Pferdedressuren geworben.

In der Nacht zum 19. Oktober brach ein fürchterlicher Orkan über den Ort herein. Er richtete immense Schäden an. So wurde das Dachgeschoss der Papierfabrik, sie befand sich zu der Zeit auf halber Höhe der Meldorfer Straße, ungefähr zur Abzweigung der Straße Am Sportplatz, völlig zerstört. Kilometerweit soll das Papier durch die Gegend geflogen sein. Die schweren Dachteile wurden über einhundert Meter weit auf Koppeln geschleudert. Ein Schuppen der Marschbahn und ein Getreidespeicher wurden vernichtet. Unzählige Bäume waren entwurzelt worden.

Auch das Tivoli wurde hiervon betroffen. Der Steigerturm und die Turnhalle wurden arg zugerichtet. Weil die Turnhalle bis zur Wiederherstellung nicht genutzt werden konnte, stellte Rüter den Sommersaal des Tivoli für Übungen zur Verfügung.

Eine verblüffende Entdeckung machten wir für das Jahr 1887, denn das Tivoli wurde zur Zwangsversteigerung ausgeschrieben!

Im Wege der Zwangsvollstreckung sollte das Grundstück in der Größe von 1,2149 Hektar mit dem Gebäude des Tivoli versteigert werden.

In Sachen betr. die Zwangsversteigerung der im Grundbuche von Heide Band XIII Artikel 628 auf den Namen des Gastwirths Johann Heinrich Rüter in Heide eingetragenen, in Heide belegenen Grundstücke, genannt „Tivoli", wird, nachdem die Gläubigerin unter Zustimmung des Schuldners den Versteigerungsantrag zurückgenommen hat, das Verfahren eingestellt, die bisherigen Vollstreckungsmaßregeln und der auf den 25. October d. Js. anberaumte Versteigerungstermin wieder aufgehoben.
Heide, den 4. October 1887.
Königliches Amtsgericht, Abtheilung 1.
gez. Korff.
Veröffentlicht:
Broland,
Gerichtsschreiber
des Königlichen Amtsgerichts.

Johann Hinrich Rüter hatte sich beim Kauf des Anwesens dazu verpflichtet, die Schuldzinsen jeweils bei Fälligkeit zurück zu zahlen. Sollte dies nicht geschehen, erklärte er sich per Vertrag mit einer Zwangsvollstreckung einverstanden.
Nachdem aber die Gläubiger unter Zustimmung des Schuldners Johann Heinrich Rüter den Versteigerungsantrag im Oktober

zurückgenommen hatten, wurde der Versteigerungstermin aufgehoben und Rüter konnte das Tivoli weiterführen.
Irgendwie hatte er es geschafft, das nötige Geld rechtzeitig zu besorgen.

Die Einwohnerzahl Heides hatte sich inzwischen auf über 8000 erhöht.
In diesem Jahr fand im Tivoli wieder eine große Gartenbauausstellung mit Obstmarkt statt, bei deren Eröffnung Bürgermeister Blaas die Rede hielt.

22. Ein Foto einer Gartenausstellung im Innenbereich des Tivoli

Im Oktober wurde wieder einmal eine Großveranstaltung des Zirkus Blumenhagen angekündigt.
In der Vorankündigung wurde mitgeteilt, dass die Räume des Tivoli zum Zirkus umgestaltet wurden.

Pferdedressuren und Gymnastik stellt das Hauptprogramm. In den Zwischenpausen sorgen Clowns und „August der Dumme" für Unterhaltung.

Der Marstall (Also züchtete der Inhaber des Zirkus selbst Pferde) *des Zirkus kann ab morgens zehn Uhr besichtigt werden. Der Eintritt staffelt sich von 30 Pfennig (Balkon) bis 1,50 Mark (1.Rang).*

Zirkus war immer schon ein besonderes Ereignis, welches die Menschen in ihren Bann zog. Deshalb gab es immer wieder Veranstaltungen innerhalb des Tivoli.

Wie muss es im Gebäude bei all diesen Wildtieren gerochen haben? Wie lange mag es gedauert haben, bis diese Gerüche wieder verschwunden waren?

58

Auch der Heider Radsportverein gründet sich im Jahre 1887.

23. Die stolzen Radfahrer

Im Jahr darauf erhielt Heide sein erstes Rathaus. Es war das als „Fürstliches Haus" bezeichnete Gebäude, welches bis in die 1960er Jahre erhalten blieb, dann aber der Durchfahrt zur geplanten Stadtbrücke weichen musste.

Im Februar 1891 feierte die Österegge ihr Hahnebierfest im Tivoli.

Am 11. Oktober des Jahres war ein großer Ball abgehalten worden, der bis Mitternacht gedauert hatte. Nach dem Fest hatte sich Familie Rüter schlafen gelegt. Nachts um 2 Uhr brach ein verheerendes Großfeuer aus, welches von Nachbarn entdeckt worden war. Der große Saal stand in Flammen!

Nach weiteren zwei Stunden war das ganze Gebäude, wie ein Zeitungsartikel berichtete, in Asche gelegt.

Allerdings konnte durch das beherzte Eingreifen der Feuerwehr das Nebengebäude mit dem kleinen Salon gerettet werden. Auch ein geringer Teil des Inventars wurde aus dem Gebäude geschafft.

Lediglich der an das Hauptgebäude stoßende Sommersalon, der größtenteils aus Holz gebaut war, hatte also den Flammen getrotzt.

Die im Tivoli gelagerten Fahnen und Protokollbücher der Österegge wurden hingegen ein Raub der Flammen.

Sowohl dem Östereggen-Hahnebierverein, als auch den Turnern und der Feuerwehr war durch den Brand für lange Zeit ihr Vereinsheim genommen.

J.H. Rüter teilt in einer Annonce mit, dass die Gastwirtschaft mit Bällen und Tanzvergnügungen im Sommersalon, Nebensalon, weitergeführt wird.

Die Turner hatten schon längere Zeit um einen Holzfußboden gebeten. Im Juli 1892 wurde ihr Wunsch erfüllt.

Vorgesehen waren für die reine Grundfläche von 250 qm der Halle, ohne Nebenräume, Holzdielen von 3,5 cm Stärke.
Die Kosten dafür betrugen 1.000 Mark.
Rüter war bereit die Arbeiten ausführen zu lassen, wenn die Stadt ihm jährlich 360 Mark Miete und zwar für 15 Jahre fest, zahlen würde.
Außerdem bat er um einen Vorschuss in Höhe der Kosten, die durch die Miete abgegolten werden könnten. Er erklärte dazu:
Die großen Kosten welche mir der Neubau meines Wohnhauses und Salon verursachen, zwingen mich leider, ein derartiges Ansuchen zu stellen, um dessen Genehmigung ich höflichst bitte.
Die Stadt hat seinem Anliegen zugestimmt.

24. Die Turner bei einer Aufführung im Tivoli – mit Pferd!

25. Die Damenriege mit ihren schicken „Pumpbüxen" um 1900

Wenig später hatte Rüter mit dem Wiederaufbau des Wohnhauses und Salon begonnen und der Fassade ein völlig neues Aussehen gegeben. Im November 1892 waren die Arbeiten abgeschlossen.

Die Veranstaltungen konnten jetzt wieder im neuerbauten großen Saal stattfinden.

Im Dezember des Jahres 1895 wurde von der Polizeibehörde beanstandet, dass Rüter keine Konzession für die von ihm betriebene Schankwirtschaft besaß. Der Kreisausschuss befasste sich mit dieser Angelegenheit und vertrat die Meinung, dass Rüter, *wenn er das neue Gebäude an Stelle des durch Brand untergegangenen Gebäudes gesetzt habe, keiner neuen Konzession bedarf.*

Somit konnte der Betrieb doch weitergeführt werden.

26. Eine Postkartenzeichnung um 1900 – Die geschwungene Treppe (in der Mitte des Bildes), die einst zur Eingangstür führte, ist noch erhalten. Der neue Eingang wurde mittig verlegt, die Front des Hauptgebäudes vollständig verändert.

Über den Fenstern oberhalb der Eingangstür wurde der Schriftzug „Tivoli" eingesetzt.
Damit hatte Rüter dem ehemaligen Etablissement seinen Stempel aufgedrückt.

27. Auch der Gartenbereich wurde auf einer Postkarte von 1900 festgehalten.

Vielleicht weil Geld gebraucht wurde, vielleicht weil der Arbeitsaufwand für die Gärtnerei zu groß wurde:
Im September 1893 verkaufte Rüter einen Teil der Gartenanlage mit den Gewächshäusern an Martin Wilhelm Oland, der hier am Ende der Tivolistraße das Wohnhaus Nummer 22 erstand.
Er führte seinen Betrieb zunächst als Topf- und Schnittblumengärtnerei.
Als die Klaus-Groth-Straße entstand, baute Oland 1913 dort ein Wohnhaus und richtete einen Blumenladen ein. Die Einfahrt zu seinem Gartengelände verlegte er von der Tivolistraße dorthin.

28. Die Familie Oland mit Personal um 1900 vor dem Gebäude
Tivolistr. 22

Johann Heinrich Rüter starb im Oktober 1896. Seine Frau erbte
den Besitz und führte die Geschäfte weiter.

Im April 1897 wählte Heide die große Städteordnung und erhielt mit Albert Forkel den ersten besoldeten Bürgermeister.

Im Dezember des Jahres wurde für Tanzmusik im Tivoli geworben und zwar noch unter dem Namen J.H. Rüter.
Die Sicherheitsvorschriften hatten sich im Laufe der Jahre ver-
schärft und so musste Frau Rüter 1898 an der östlichen Giebel-
mauer eine weitere, ihrer Meinung nach überflüssige, Nottrep-
pe herstellen lassen.

Am 02. Februar 1900 kaufte Carl Rüter das Tivoli von seiner Mutter für 90.000 Mark.

War Carl Rüter gebürtiger Heider? Nein!
Wie sein Vater wurde auch er in Escheburg, Herzogtum Lauenburg, geboren und zwar am 12.Oktober 1871.
Er war also fünf Jahre alt, als sein Vater das Bluncksche Etablissement kaufte, und 29 Jahre alt, als er das Tivoli übernahm.

Am 18.Februar 1900 fand, in dem jetzt Carl Rüter gehörendem Tivoli, die 400 Jahresfeier der Schlacht bei Hemmingstedt statt.
In einem Theaterstück wurde die Schlacht nachgestellt.
Der MTV rief in diesem Jahr einen Chor ins Leben und schaffte dafür Gesangsbücher an, die von Carl Rüter als Bibliothekar verwaltet wurden.
Zwar war Carl Rüter jetzt Besitzer des Tivolis, aber ihm fehlte die benötigte Konzession.
Es wurde geprüft, ob er berechtigt war, diese zu erhalten.
Aus einem Schreiben geht hervor, *dass seine Mutter, die Witwe Rüter, eine Schankwirtschaft betreibt und ein großes Lokal mit Tanzsalon besitzt. Sie besäße auch die Berechtigung, in ihrem Wirtschaftsraum Singspiele veranstalten zu lassen. Die Erlaubnis hierfür sei ihrem Mann 1881 erteilt worden, aber mit dem Tod ihres Mannes erloschen.*
Weiter heißt es, *dass der Antragsteller das Gewese seiner Mutter übernehmen wolle, und beantragt außerdem die Erlaubnis, Theaterstücke aufführen zu lassen. Hierfür läge aber keine Erlaubnis vor und Carl Rüter würde die gesetzlichen Bestimmungen nicht erfüllen, da er über keinerlei artistischen Ausbildung verfüge!!! Er sei deshalb zur Leitung eines Theaterunternehmens nicht im Stande.*

Rüter hingegen gab an, dass er kein solches bleibendes Unternehmen führen wolle, sondern er habe vor, nur gelegentlich eine Schauspielertruppe kommen und spielen zu lassen. Wenn eine solche Truppe käme, würde sie unter der Herrschaft eines eigenen Unternehmers stehen.
Nach etlichen Behördengängen, bei denen er erklärte, worum es ging, erhielt Rüter die benötigte Konzession.

Welch ein Ereignis für die Heider, als in diesem Jahr im Oktober *ein „Luftballon" in bedeutender Höhe über der Stadt schwebte.* Immerhin war es eine Zeitungsmeldung wert.

Im selben Jahr wurde beanstandet, dass das Schmutzwasser innerhalb der Ortschaft zu gesundheitlichen Beanstandungen Anlass gab. So erfahren wir, dass neben dem Tivoligelände ein Sammelbecken für Schmutzwasser vorhanden war.
Im Januar 1901 stellte der Männerturnverein einen Antrag bei der Stadt, um im Tivoli eine Maskerade zu veranstalten. Der Schluss war für 1 Uhr festgesetzt – danach durften dann nur noch die Mitglieder, als geschlossener Verein, feiern. Der Vorstand wollte die Verantwortung für diese Veranstaltung übernehmen. Die Genehmigung wurde erteilt.
Am 19. März heiratete Carl Rüter seine Frau Anna Margareta geb. Thedens.

29. Ein Blick in die Gartenanlage um 1900

Wie gut, dass die Heider noch so unbeschwert feiern konnten. Schlimme Zeiten standen ihnen bevor, als im Sommer eine schwere Typhusepidemie grassierte.
Viele Menschen starben durch die Verunreinigung des Brunnenwassers. Vorsichtsmaßnahmen wurden getroffen, selbst Pakete durften nicht mehr versandt oder empfangen werden.
Um der Gefahr Herr zu werden, beschloss man endlich den Bau eines Wasserturmes. Und auch hier können wir froh sein, dass Pläne, diesen auf dem Marktplatz zu platzieren, nicht in die Tat umgesetzt wurden.

Eine Akte aus diesem Jahr befasste sich wieder mit dem Steigerturm auf dem Tivoligelände.
Carl Rüter verlangte für die Unterhaltung des Turms jährlich 90 Mark von der Stadt.

Er behauptete, dass diese Summe schon an seine Eltern gezahlt wurde. Allerdings konnte er keinen Vertrag vorlegen. Die Stadtverordneten waren mit seiner Forderung einverstanden und setzten einen auf zehn Jahre laufenden Vertrag auf, in dem Rüter sich bereit erklärte, sowohl den Steigerturm zu pflegen, als auch sein Gelände der Feuerwehr zu Übungszwecken zur Verfügung zu stellen. Die Zahlung erfolgte in vierteljährlichen Raten. Nach Ablauf dieser 10 Jahre forderte Rüter dann 100 Mark jährlich, die ihm auch zugestanden wurden.

Auch die Turnhalle war noch einmal ein Thema, denn auch hier lag einiges im Argen, etliches Inventar fehlte und zwar:

1 Schwebenetz mit Tauen, 1 Paar Ringe, 2 Reckpfähle draußen, 1 feststehender Barren draußen, 3 Matratzen, 1 Leiter, 1 Kletterstange, 1 Klettertau, 1 kleines Pferd fehlt, dafür ist aber ein Bock angeschafft.

Zu Reparieren sind: 1 Pferd, 3 Reckpfähle in der Halle, die Barren, 1 Balancierbrett.

Für Reparaturen sind 124 Mark veranschlagt.

Der Beginn des 20. Jahrhunderts brachte viele Neuerungen für die Stadt. Die ersten Autos knatterten durch die Straßen – Mobilität war angesagt und breitete sich zusehends aus.

Das erste Auto in Heide besaß der damalige Arzt, Doktor Lammers. Als erste Frau in Schleswig-Holstein soll die Heiderin Frau Köster den Führerschein gemacht haben. Schneller als erwartet vermehrte sich die Anzahl der Autos, so dass es schon in den 1920er Jahren erste Parkplatzprobleme gegeben haben soll. Aus diesem Grund wurden Teile der Kohreggen auf dem Markt entfernt.

Es war eine Zeit des Umbruchs, da die Industrialisierung immer weiter um sich griff. Maschinen lösten mehr und mehr

69

Probleme und Pferd und Wagen verloren ihren bisherigen Stellenwert.

„TIVOLI" – Heide.

Sonntag, den 22. November 1903, von nachm. 3 Uhr an:

Große Ballmusik

mit doppelt besetztem Orchester.

Abends: **Große Gratis-Verlosung von 4 lebenden Schweinen.**

Jeder Besucher erhält ein Los gratis am Eingang.   Entree à Person 10 Pfg.
Zu zahlreichem Besuch ladet ergebenst ein   Karl Rüter.

Die lebenden Schweine, die hier verlost werden sollten, waren sicher ein großer Anreiz, die Veranstaltung am 22. 11. 1903 zu besuchen.

1903 war der Wasserturm fertiggestellt und im Dezember des Jahres floss das Wasser in die Haushalte.

Welch eine Erleichterung für die Heider Bevölkerung.

Für Carl Rüter hatte diese Annehmlichkeit noch einen Extravorteil. Er profitierte von dem jetzt fließenden Wasser, indem er bei Frostwetter mithilfe eines Gartenschlauchs den Turnplatz und große Teile der Gartenwege unter Wasser setzte, um so eine – und zwar die erste in Heide – Eisbahn entstehen zu lassen. Für kleines Geld konnte sich die Heider Bevölkerung hier mit Schlittschuhen vergnügen. Über die Kosten, die dieser Wasserverbrauch mit sich bringen würde, hatte Rüter sich wohl keine Gedanken gemacht.

Für den Januar 1904 findet sich dann auch die erste Anzeige über die Schlittschuhbahn (Eisbahn), in der angekündigt wird, dass *durch den ganzen Garten und auf allen Wegen eine künstliche Eisbahn führt. Ein großer Festball mit anschließender Verlosung gehört ebenso zu dieser Mitteilung, wie auch ein ab-*

schließender großer Platzregen aus Apfelsinen, Nüssen und Bonbons.
Was hatte Carl Rüter sich bloß alles einfallen lassen!
Und die Zeitung berichtet anschließend:
Die Eisbahn im Garten des Tivoli erfreute sich am Neujahrs-nachmittage eines zahlreichen Besuches.

In dieser Anzeige findet sich der Hinweis auf die Eisbahn

Inzwischen hatte sich auch in Heide das Fußballfieber verbreitet. Selbst das ist mit dem Tivoli verbunden.

Es gründete sich der Fußballclub von 1905. Allerdings untersagte Carl Rüter den Männern das Fußballspielen auf seinem Turnplatz. Deshalb fand das erste Spiel auf einer Koppel in der heutigen Sophie-Dethleffs-Straße statt. Zwei Jahre später trat der Fußballverein Holstein ins Leben.

Wir kommen auf den Fußball noch zurück, wollen aber die ehemaligen Spielplätze hier schon aufführen.

Es gab sie zunächst auf einer Wiese neben der Gaststätte Grünthal (Waldschlößchenstraße), auf dem ehemaligen Kasernengelände (WKK Esmarchstraße), auf einem Platz neben dem Galgenberg, hinter dem Stadttheater, auf der Rennbahn und am Ziegelhof. Seit 1935 bis 1950 dann nur noch auf dem Tivoliplatz.

1907 wurde die Fichtenhain Rennbahn gebaut, so dass der Pferdesport vom Markt verschwand.

In diesem Jahr wirbt Rüter das erste Mal mit einer Telefonnummer. Sie lautete: 122. Das sagt uns, dass er der 122igste Antragsteller für ein Telefon gewesen ist.

Die Turner profitierten wenig später davon, dass es fließendes Wasser gab, denn 1908 wurde auch die Turnhalle an das vorhandene Wassernetz angeschlossen.

Rüter entwickelte sich immer mehr zum Geschäftsmann, denn wenn auf dem Markt öffentliche Veranstaltungen stattfanden, selbst das Trabrennen wurde vor dem Bau der Rennbahn 1904 hier abgehalten, bewarb er sich um Lizenzen, damit er bei diesen Veranstaltungen Getränke verkaufen konnte.

Auch die Gärtnerei von Oland wuchs stetig.

30. Blick auf die Gärtnerei Oland um 1912 mit den alten Gewächshäusern.

31. So wurde um 1920 die Blumenerde transportiert.

Im Winter des Jahres war bei Carl Rüter eine Menge los. Er meldete mehrere Schaustellungen und Theaterveranstaltungen an.

Der erste Weltkrieg hinterließ seine Spuren auch in Heide.

Die Turnhalle wurde in dieser Zeit für Heereszwecke genutzt.

Im Dezember1914, als sich längst abzeichnete, dass die Einnahmen immer geringer wurden, hatte Rüter wieder eine Geschäftsidee.

Er bat darum, kinematographische Vorführungen darbieten zu dürfen.

Saal und Bühne befinden sich im Erdgeschoss, der Vorführraum im ersten Stock. Ein Filmvorführer aus Wandsbeck leitet die Vorführung. Infolge der durch den Krieg ausbleibenden Veranstaltungen brauche ich eine neue Einnahmequelle, um

Hypothekenzinsen, Instandhaltungskosten, Steuern und Lebensunterhalt zu sichern. Es sind bereits zwei Kinematographentheater in Betrieb, allerdings ständig überfüllt. Im Erdgeschoß stehen 456 Sitzplätze, auf der Gallerie 60 Sitzplätze zur Verfügung.

Die Erlaubnis wurde erteilt.

Die zwei vorhanden Kinos waren das Kaiserpanorama am Markt (1905) und das Kinematograph in der Friedrichstraße (1908- später Postkino).

Schon im Jahr darauf bat Rüter um Stundung der Lustbarkeitssteuer, weil er in dem Jahr nur eine Kinoveranstaltung abgehalten hatte. Er erhielt eine Ermäßigung.

1918 schlossen sich die beiden Heider Fußballvereine zur Heider Sportvereinigung zusammen. Sie durften den Tivoliplatz immer noch nicht bespielen.

1920 entwickelte sich aus der „Heider Sportvereinigung" mit dem Turnverein und dem „Verein Alemannia" der „Verein für Leibesübungen", der VfL, der nach Abstimmung in „Männer Turnverein von 1860", MTV, umbenannt wurde. Nach einem heftigen Streit zwischen der Haupt- und Reservemannschaft dieses Vereins, spaltete sich eine Gruppe junger Männer ab und rief den „Heider Sportverein HSV", ins Leben.

Heides Energieversorgung änderte sich, weil es seit 1921 über ein eigenes Elektrizitätswerk verfügte. Der Anschluss der Haushalte daran dauerte aber noch eine Weile.

Bevor die Elektrizität im Hause Rüter einzog, gab es Ärger mit den Behörden und der Feuerwehraufsicht.
So zum Beispiel, als festgestellt wurde, dass der Filmaufbewahrungsraum mit Möbeln ausgestattet und als Wohnung benutzt wurde. Außerdem gab es mehr Sitzplätze als erlaubt, an den eisernen Öfen fehlten Schutzschranken und die Beleuchtung entsprach den Vorschriften nur sehr mangelhaft. Das Kino wurde umgehend stillgelegt, bis nachgebessert worden war.
Die nächste Beschwerde ließ auch nicht lange auf sich warten.
Bei Veranstaltungen war gesetzlich vorgeschrieben, dass immer ein Feuerwehrmann als Wache anwesend zu sein hatte. Dieser bemerkte, dass für die Gäste zu wenige Lampen brannten, die er anzündete.
Rüter hatte alle Lichter mit der Bemerkung gelöscht, dass der Wächter dort nichts zu suchen hätte, und er allein die Verantwortung trage.

Aber auch außerhalb des Theater oder Kinobetriebes gab es Probleme.

Es war nicht leicht für Rüter, den Unterhalt für sein Gebäude aufzubringen. Eine kleine Episode aus dem Jahr 1922, festgehalten von den Behörden, zeigt dies auf.

Eine Mieterin von Rüter, die in der zweiten Etage des Tivoli wohnte, beklagt sich beim Bürgermeister darüber, *dass Rüter für die Mietwohnungen Gas und Wasser abgestellt hat, weil er eine Nachzahlung in Höhe von ca. 5.000 Mark erhalten hatte. Sie habe kein Essen kochen können. Außerdem, merkte sie an, benutzten 4 Familien einen einzigen Abort. Sie selbst und ihr Mann, Rüter mit 4 Personen, Tietje mit 3 Personen und Nissen mit 2 Personen. Also 11 Personen für ein Clo! Den zweiten vorhandenen Abort habe Rüter vor einiger Zeit als Knechtekammer eingerichtet. Diese Toilette könne aber doch gut wieder für 2 Familien eingerichtet werden.*

Umgehend wurde Rüter daraufhin von der Obrigkeit angesprochen und versprach, erträgliche Umstände herbeizuführen.

Immer neue Auflagen brachten Rüter auch immer neue Kosten. So auch im Jahr 1924, als er eine neue Nottür zwischen großem und kleinem Saal einbauen musste.

Im kleinen Saal des Tivoli fand am 14. Oktober 1925 die Gründungsversammlung des neu gegründeten „Heider Sportvereins" statt.

Nach zähen Verhandlungen gab Rüter dann endlich die Erlaubnis, auf seinem Grundstück und zwar auf der Fläche des Turnplatzes, auch Fußballspiele zu veranstalten.

Heider Fussballklub von 1905.   I. Mannschaft.

32. Auf dem Tivoli-Sportplatz

33. und 34. So sah es zur Zeit Rüters um 1920 im Tivoli aus.

Inzwischen war Heides Stromnetz den Bedürfnissen gerecht geworden und die bisher durch Gas beleuchteten Räume konnten durch Glühbirnen erhellt werden. Natürlich auch im Tivoli.

Noch einmal zum Steigerturm. 1928 wurde der Vertrag wegen des Steigerturm gekündigt, weil er sich in so erbärmlichen Zustand befand, dass die Feuerwehr ihn für Übungszwecke nicht mehr verwenden konnte. Außerdem war die Turnhalle im Mietpreis nicht enthalten, und Feuerwehrhauptmann Peters meinte, dass genau so gut auf den Spielplätzen der Bürgerknabenschule am Loher Weg und der Oberrealschule in der Rosenstraße geübt werden könne.
Somit war das Schicksal des Turmes besiegelt – er wurde 1928 abgerissen.
1929 übernahm Rüter das Kino am Markt 26. Ehemals als „U.T. Lichtspiele" bekannt, bekam es 1920 den Namen „Kammerlichtspiele". Dieses Kino führte er neben dem im Tivoli bis zu seinem Tode.

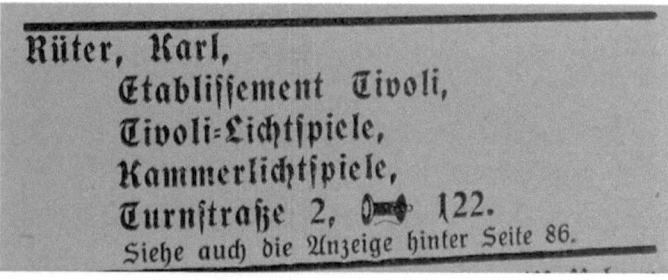

Die Anzeige stammt aus dem Adressbuch von 1930

Eine Anzeige vom 10.März 1931 – das Tivoli nennt sich Etablissement.

1933 wurden im Tivoli neue Toiletten eingebaut. Im Erdge-schoß zwei und in der ersten Etage sechs Stück.

Am 13. Januar 1939 starb Carl Rüter.

Nahezu sein ganzes Leben war mit dem Tivoli verbunden ge-wesen.

Ein Herzschlag hatte seinem Leben ein Ende bereitet. Er war nur 68 Jahre alt geworden. Seine Erbin wurde seine Frau Mar-garete, geb. Thedens.

Die Heider Zeitung brachte mehrere Nachrufe.

In einem Artikel zu seinem Tod wird erwähnt, dass er seinem Lokal einen besonderen Ruf verliehen hatte, indem er besonde-re Volksfeste in seinem Gartenlokal und Garten abhielt.

Es wurde daran erinnert, dass sich auf dem Sportplatz Karus-sells drehten, bemannte Luftballons aufstiegen und auch die Eisbahn wurde erwähnt.

Seine Frau führte die Geschäfte für kurze Zeit weiter.

Für den dritten März 1939 wurde bei freiem Eintritt zu einem großen Manöverball mit zwei Kapellen in den vorderen Räu-men der Diele geladen. Und anlässlich des großen Fußball-spiels am selben Tag zwischen dem „HSV" und „Olympia Neumünster" abends ab 8 Uhr wurde fröhlicher Tanz mit erst-klassiger Tanzkapelle geboten.

Am 15. März wurde bei freiem Eintritt ein großer Jahrmarkts-ball mit Tanzkapelle angekündigt und für das folgende Wo-chenende ein Wochenendmanöverball.

Am 22. März 1939 verkaufte Frau Rüter den gesamten Besitz an drei Hamburger Filmtheaterbesitzer.

Es waren Ernst Eduard Friedrich Lucht, Kaufmann Johann Friedrich Knöchel und der Schlachtermeister Wilhelm Joseph Schmorleitz. Sie warben Ende März für Kinoaufführungen im

„Kammerlicht". Ältere Heider/innen erinnern sich sicher noch an das gemütliche Kino im Durchgang zur Neuen Anlage.

Die derzeitigen Besitzer veräußerten das Gebäude schon nach wenigen Wochen, am 12. April 1939, an den Inhaber der Grünthal Gaststätte, diese Gaststätte befand sich an der Waldschlößchenstraße, Wilhelm Martin Dethlefs.

Die Meisterschaftsfeier des Heider Sport-Vereins gönnte sich im April im Tivoli-Ballhaus ein Lustspiel mit anschließendem großen Festball. Der Vorstand lud hierzu ein.

Für den Dezember des Jahres kündigte Dethlefs einen großen Festball in beiden Sälen an. Ebenfalls gab es im kleinen Saal *„auf allgemeinen Wunsch einen Festball für Verheiratete".*

Am 23. Januar 1941 starb W. M. Dethleffs, seine Frau erbte, führte den Betrieb weiter, heiratet noch einmal und hieß jetzt Brügge.

Während des 2. Weltkrieges diente das Tivoli auch als Lazarett. Das Städtische Krankenhaus war zum Teil von Bomben getroffen worden und die noch intakten Räume völlig überfüllt mit Verletzten, so dass Räume gebraucht wurden, in denen die Soldaten behandelt werden konnten.

Wohnraum war sehr knapp geworden. Überall in der Stadt wurden die vielen Flüchtlinge und Vertriebenen einquartiert.

So wohnten mitunter drei bis vier Familien, wo bisher eine Familie ansässig gewesen war. Auch in der Kolonie war es nicht anders. Selbst im Tivoli waren neben den Kriegsverletzten noch mehrere Familien untergebracht.

Durch die vielen Kriegsflüchtlinge wuchs die Stadt auf über 20.000 Menschen.

Das Tivoli hatte während der Zeit des Zweiten Weltkrieges arg gelitten. Die Räume verkamen mehr und mehr und Teile des Inventars verschwanden.

Mit einer Feldeinheit kam 1940 der aus dem Westfälischen stammende Berufssoldat Siegfried Bartsch nach Heide und ins Tivoli. Wenig später heiratete er die Tochter der Besitzerin.

Er wurde wieder an die Front versetzt und als er einige Jahre später zurückkehrte, war seine junge Frau verstorben.

Frau Dethleffs bat ihren Schwiegersohn um die Geschäftsführung, was er auch annahm. Zwei Jahre später, nach Kriegsende, heiratete er Marianne Hamm, eine Freundin seiner verstorbenen Frau.

Die englischen Besatzer hielten wohl bis zu dreimal in der Woche im Tivoli ihre Tanzveranstaltungen ab. Allerdings als Selbstversorger. Die Heider waren noch seltene Gäste.

Nach dem Krieg war aber auch in Heide der Hunger nach Unterhaltung groß. Es herrschte in jedem Bereich Nachholbedarf. So wundern wir uns nicht, dass das Tivoli wieder eine Rolle spielte.

Es bildete sich im Winter 1945 die Nordseebühne, an deren Gründung die bekannte Heider Schriftstellerin Erna Weißenborn beteiligt war. Gemeinsam mit ihrem Ehemann verhandelte sie mit Landratsamt und Militärregierung um eine Lizenz für Aufführungen, die sie auch erhielten.

An Schauspielern mangelte es nicht, denn etliche der hier internierten deutschen Truppen bestanden aus Schauspielern, Sängern und Bühnentechnikern, die froh über diese Abwechslung waren.

Tatsächlich nahmen auch einige Anwohner aus der Tivolistraße und der Bergstraße als Mitwirkende an den Aufführungen teil.

Stücke von Erna Weißenborn wurden im Tivoli uraufgeführt.

Einige der Schauspieler wohnten in den oberen Räumen des Tivoli. Ein lustiges Bild aus heutiger Sicht deren gewaschene Kleidungsstücke, die zum Fenster heraushingen.

Die Aufführung Erna Weißenborns „Destille Veit" fand in einem eiskalten Tivoli statt.

An Brennmaterial war gar nicht zu denken, es gab keins.

In Mänteln saß das Publikum frierend im Saal und teilte, was das anging, das Schicksal der Schauspieler. Zu der Zeit war um 23 Uhr Sperrstunde – niemand durfte sich nach dieser Zeit auf den Straßen aufhalten.

Das erste Theaterstück zog sich aber in die Länge, so dass alle Sorge hatten, rechtzeitig nach Hause zu kommen. Der Landrat rief an diesem Abend bei der Militärregierung an und bat um freies Geleit der Theatergäste. So konnten sie an diesem Abend unbehelligt nach Hause gehen.

Später wurde dann Heizmaterial in Form von Holz oder auch Briketts und Torf mitgebracht, um den Öfen des Tivoli zumindest eine Grundwärme zu entlocken.

35. Die Wäsche der Theaterleute

Die Fußballspiele gingen während der Kriegszeit auch weiter. Aber nicht nur diese.

Ende der 1940er Jahre konnte der Tivoli-Fußballplatz die Menge der Fans – Es kamen mitunter fast 4.000 - nicht mehr verkraften und es wurde nach einer Lösung gesucht. Verhandlungen über eine Platzvergrößerung scheiterten. Und nachdem der neue Tivolibesitzer Siegfried Bartsch die Pacht zu hoch ansetzte, wichen die Spieler auf andere Plätze aus und der Tivoli-Fußballplatz wurde in einen Kinderspielplatz geändert.

In der Kriegszeit – und auch noch einige Zeit danach – wurden sogar Boxkämpfe im Tivoli ausgetragen. Der Ring wurde dafür mitten im Saal aufgebaut, damit die Gäste rundum stehen und von der Balustrade aus zusehen konnten.

Während der britischen Besatzung konnten wieder Fußballspiele auf dem Tivoliplatz stattfinden. Selbst Hockey und Handballspiele wurden auf dem Platz ausgetragen.

Auch die Hahnebierfeste durften 1946 wieder stattfinden. Die Österegge feierte ihr Fest am 19. März mit Begrüßung und Festball im Tivoli. In der Zeitung von 1947, die von der britischen Militärregierung herausgegeben wurde, lesen wir, dass die Kaffeetafel der Österegge im Tivoli mit einem Festball stattfand. *Butterbrot ist mitzubringen.*

Aber auch Schulklassen sorgten für Unterhaltung. So haben Schülerinnen der Klaus-Groth-Schule mehrfach ein Stück aus dem 16.Jahrhundert von Hans Sachs aufgeführt.
Ein Foto aus dem Jahr 1948 ist erhalten.

36. Schülerinnen der Klaus-Groth-Schule im Jahr 1948 nach einer Aufführung vor der alten Eingangstür des Tivolis.
Es sind von oben links nach rechts: Dorothea Ramke, Inge Helmcke, Marianne Eimann, Ingrid Schulz.
2. Reihe von oben: Inge Schnoor, Rosemarie Lembrecht, Lore Hardt.
3. Reihe von links: Christel Off, Ingrid Schwaldt, Ilse Raap, Völke Koch.
Untere Reihe von links: Ellen Schulz, Ingrid Wendt, Hedwig Lucht, Ruth Niklaus, Elfriede Swarad, Ruth Brandt.

Für Siegfried Bartsch standen harte Zeiten an. Er hatte als Geschäftsführer dafür Sorge zu tragen, dass das Haus wieder Einkünfte brachte. Der desolate Zustand des Gemäuers machte es ihm nicht leicht.

Im Laufe der Jahrzehnte hat sich im Tivoli Etliches verändert.

Eine enge Zusammenarbeit mit der Konzertdirektion Theodor Biehl hatte gleich nach dem Krieg begonnen. Hiermit wurde wieder eine neue Ära des Tivoli ins Leben gerufen, die durch Ingwer Biehl ihren Höhepunkt erreichte.

Ein Weihnachtsball und eine Sylvester-Feier wurden angekündigt und sowohl im Tivoli als auch bei Biehl konnten Karten im Vorverkauf erstanden werden.

Am 1. Januar 1953 kaufen Siegfried und Marianne Bartsch das Tivoli, inzwischen Konzert- und Ballhaus genannt, von Frau Martha Brügge und kündigten diesen Geschäftswechsel groß in der Heider Zeitung an.

Geschäftsübergabe!

verehrten Einwohnerschaft von Heide und Umgegend gebe ich hier-
bekannt daß ich das

KONZERT- UND BALLHAUS „TIVOLI"

Wirkung vom 1. Januar 1953 meinem bisherigen Geschäftsführer Herrn Siegfried Bartsch und dessen Ehefrau Marianne, geb. Hamm, verkauft habe. Ich bitte, das mir bisher entgegengebrachte Vertrauen auch auf meinen Nachfolger zu übertragen.

Heide, den 15. 2. 1953   **Martha Brügge**

Geschäftsübernahme!

Der verehrten Einwohnerschaft von Heide und Umgegend, sämtlichen Vereinen und Organisationen gebe ich hiermit bekannt, daß ich mit Wirkung vom 1. Januar 1953 das

KONZERT- UND BALLHAUS „TIVOLI"

dessen Geschäftsführer ich bislang war, mit meiner Frau von Frau Martha Brügge käuflich erworben habe. Ich bitte, das der bisherigen Besitzerin Frau Martha Brügge und mir als Geschäftsführer entgegengebrachte Vertrauen nun auch mir als Inhaber und meiner Frau entgegenzubringen. Es wird unser dauerndes Bestreben sein, durch individuelle Bedienung unserer Gäste, Bereithalten guter Speisen und gepflegter Getränke uns dieses Vertrauens würdig zu erweisen.

Heide, den 15. 2. 1953

War Siegfried Bartsch gebürtiger Heider? Nein!
Er stammte aus Westfalen.

Die folgenden Jahre dienten dem Wiederaufbau und der Verschönerung des Hauses.
Vom Keller, in dem sich noch heute Reste der von Blunck erbauten Schießanlage befinden, bis zum Dach mussten Reparaturen ausgeführt werden. Aber auch der Haupteingang zum Tivoli wurde in Angriff genommen.
Der Eingangsbereich war einfach zu eng und dadurch auch gefährlich, wenn Gäste zur gleichen Zeit und in großen Mengen, kamen. So wurden nach Auflagen der Stadt die schmale Eingangstür und auch die Freitreppe fast um das dreifache vergrößert.

37. Das Tivoli im Jahr 1950

38. Nach der Renovierung 1952, mit verbreiteter Eingangstür.

Ein gewaltiger Renovierungsposten aber war der große Saal, das Herzstück des Gebäudes.

Die an das Empire erinnernde Form des Saales sollte wieder im Glanz der alten Zeit erscheinen und so wurde vom Parkettboden bis zu den Balkonbereichen alles aufgearbeitet und neu gestrichen. Selbst die Bestuhlung und die Beleuchtung wurden der neuen Zeit entsprechend verändert. Auch der kleine Saal wurde im gleichen Zug mit bearbeitet. Außerdem erhielt das Tivoli eine Ölheizung.

All diese Arbeiten wurden ohne finanzielle Unterstützung der Stadt Heide erreicht.

Noch heute kann das Tivoli auf seine Unabhängigkeit stolz sein.

Ein ganz besonderer Besuch schneite 1958 ins frisch renovierte Gebäude.

Es war der in Amerika geborene und dort lebende Enkel Stanley R. Blunck, der besichtigen wollte, was sein Großvater hier in Heide geschaffen hatte. Glücklich dürfte er über die Überreichung zweier Fotos von 1880 gewesen sein, die das Gebäude noch so zeigten, wie es vor dem Brand 1891 ausgesehen hatte.

Im November 1962 fand im Tivoli die erste Tanzveranstaltung für junge Leute im großen Saal des Tivoli statt, argwöhnisch beobachtet von der älteren Generation. Eine Sechs-Mann-Kapelle und ein Sänger wurden organisiert. Von 16 Uhr bis 22 Uhr durften sich die Teenager hier auf dem ersten Heider Teenagerball vergnügen. Der Eintritt war für Jugendliche ab 16 erlaubt. Wie wir wissen, wurde nicht so genau auf das Alter geschaut und so manch 14 Jährige/r schummelte sich hinein.

Die Tanzschule Mäser aus Heide führte die Teenagerparty noch viele Jahre mit Musik vom Plattenteller fort. In den

1980er Jahren unterhielten einige Schülerbands mit Discomusik die tanzfreudige Heider Jugend.

Auch die Ballettschule von Frau Richert nutzte die Tiviloräume für ihren Unterricht, den auch die Bartschtöchter genießen durften.

Das von Rüter eröffnete Kino gab es im Tivoli noch bis Ende der 1960er Jahre.

Eintrittskarte für Kinder

Und eine Karte, die Personen erhielten, die mal „mussten", wollen wir Ihnen nicht vorenthalten. Horst Peters hat sie seit Jahrzehnten aufbewahrt.

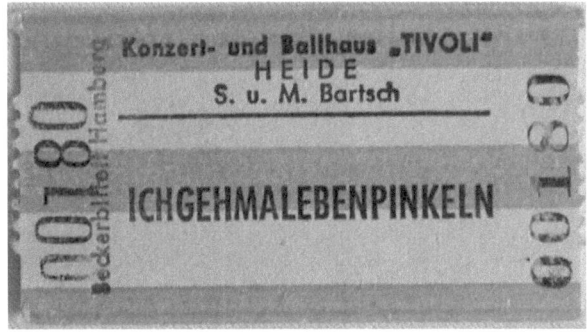

ICH GEH MAL EBEN PINKELN

Inzwischen wissen wir, welch große Bedeutung dieses Konzert- und Ballhaus auch für die Stadt Heide hatte.
Denn alles, was Rang und Namen hatte, kam hierher.
Ob Opernstars, Schauspieler/innen, Sänger/innen, Politiker/innen, ob Theaterbühnen oder Vereine, alle haben sich in diesem Haus wohl gefühlt.

39. Der 10 jährige Peter Bartsch 1960 als Portier im Tivoli

In den 1960er und 70er Jahren wurden unzählige Modenschauen im Tivoli veranstaltet. Ob Kaufhaus Böttcher aus Heide oder Quelle und Neckermann – das Tivoli war ausgebucht.

Auch die unzähligen Feiern zum Vogelschießen wollen erwähnt werden und die selbstgemachte Himbeerbrause, die Familie Bartsch in Mengen hergestellt hatte.

Die Lohe-Rickelshofer führten ein, dass nach dem Kindervogelschießen, das bis 18.00 Uhr dauerte, ein Elterntanzabend stattfinden konnte.

Und wo hätte 1970 die 100-Jahr-Feier der Heider Stadtrechte mit einem Festakt anders als im Tivoli gefeiert werden sollen?

Am 01. Juli 1978 übernahm der Sohn Peter Bartsch den elterlichen Betrieb.

Ist Peter Bartsch gebürtiger Heider? Ja!

Im August 1980 gab es eine große Feier anlässlich des wegen seiner besonderen architektonischen Bedeutung jetzt unter Denkmalschutz stehenden großen Saales.

Der Saal wurde mithilfe von Restaurateuren in seinen ursprünglichen Farbglanz von 1892 zurückversetzt.

Die Wände wurden in blassem Grün, die Türen dunkelgrün abgesetzt gestrichen. Die gusseisernen Säulen waren in Anthrazit und die Balustrade in grau gehalten. Die Rosetten waren silberfarben, die Blüten goldfarben. Die Decke mit ihrem dunklen Farbton lässt den Raum keineswegs düster erscheinen. Alles wirkt weich und harmonisch.

1996 wurden wieder einmal erhebliche Renovierungsarbeiten ausgeführt.

Es wurden sämtliche Fenster ausgetauscht, wodurch die Fassade ihr neues altes Bild aus der Jahrhundertwende zurückerhielt.

Im Mai 2005 wurde durch Brandstiftung der kleine Saal des Tivoli in Schutt und Asche gelegt.
Der Wiederaufbau des 400 qm „kleinen Saal" und die Wiederherstellung der durch Ruß betroffenen Räume kostete nahezu 500.000 Mark. Die Tür des Haupteingangs war für die Zeit der Renovierungen zugenagelt worden.
Durch die Erneuerung und den Einbau tiefer Fenster mit Blick in den Gartenteil erscheint der kleine Saal seither in sehr hellem Licht.

40. Der kleine Saal des Tivoli in seinem heutigen Zustand

Hoffentlich war dies das letzte Feuer, das das Tivoli erdulden musste.

Und hoffentlich kann es auch über die nächste Generation erhalten werden, indem die Heider/innen durch ihre Feiern dazu beitragen.

Denn immer noch „überlebt" das Konzert- und Ballhaus Tivoli ohne öffentliche Mittel.

Abschließend möchten wir noch anmerken, dass es unserer Meinung nach an der Zeit wäre, den Kern der ehemaligen „Blunck Colonie", der noch aus der Entstehungszeit stammt, einer größeren Würdigung zu unterziehen.

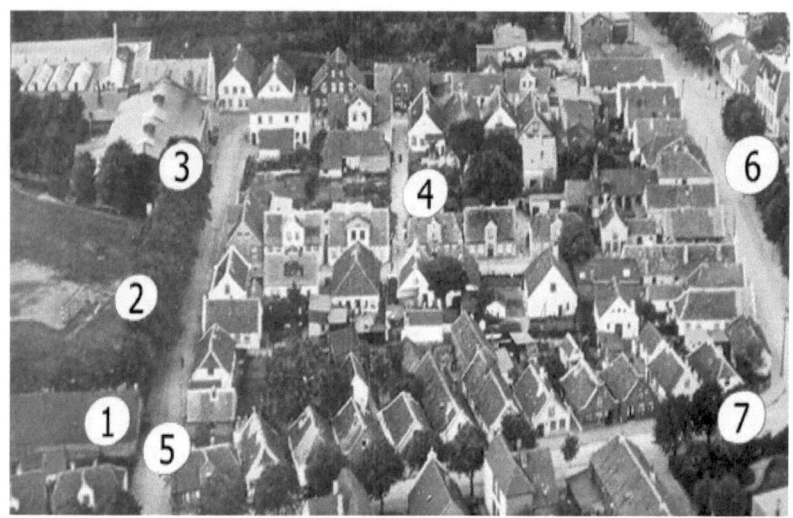

41. Eine Luftaufnahme aus dem Jahr 1935, auf der in der Mitte oben noch sehr schön der „Grundgang" (4) zu erkennen ist. Die Turnhalle (1), der Fußballplatz (2), sind auf der linken Bildseite zu sehen. Vom Tivoli (3), erkennen wir das Dach. Die Turnstraße (5). Kleinheide (6) und die Feldstraße (7) umschließen die Colonie.

Ein kurzer Überblick über Heinrich Bluncks Bautätigkeiten:
1840-1847: Kleinheide, Feldstraße, Tivolistraße, Bergstraße und Hölle

1847-1855: Kleinheide, Turnstraße, Bergstraße, Tivolistraße, Feldstraße, Grüner Weg, Hölle, Neue Anlage, Friedrichswerk

1855-1866: Friedrichswerk, Rickelshof, Meldorferstraße, Hohenheide (Papierfabrik), Turnstraße, Feldstraße, Tivolistraße, Bergstraße, Grüner Weg und Lerchenstraße

Vielleicht finden Sie es auch interessant, zu lesen, wer 1880 in der Blunck-Colonie lebte und welchen Berufen nachgegangen wurde. Beachten Sie bitte, wie viele Familien zum Teil in einem Haus lebten und zählen Sie noch etliche Kinder dazu, denn es war nicht ungewöhnlich in dieser Zeit vier bis neun Kinder zu haben.

Blunckstraße / Tivolistraße

1	R. Garms, **Arbeitsmann** später Bäcker Augustin
2-4	W. Off, **Cigarrenmacher/ Herberge** jetzt Lüttenheid 77
3	C. Bosselmann, Witwe und H. Rohr, **Cigarrenhändler**
4	P. Egge, **Colonialwaren u. Musiker**, und C. Reimers, Witwe, und H. Schuhmacher, verehelicht
5	A. Ebens, **Stuhlmacher**
6	H.F. Saß, **Stellmacher**
7	C. Haß, **Schuhmachermeister**
9	G. Bringmann, **Schuhmacher** und H.D. Bruckmann, **Schuhmacher** und C. Marquardt, **Arbeiter** und A. Peters, **Arbeiter**
10	C. Harms, **Schleifer/Siebmacher** und J.H. Peters, **Arbeiter** und L. Thomsen, **Arbeiter**
11	C. Wäger, **Lithographische Anstalt** und H.A. Frahm, **Privatmann** und M.Gosch, unverheiratet und J.F.W. Ritter, **Bäckermeister**
13	J.D.H.S. Blunck, **Bauunternehmer** und J.W. Glawatz, **Schuhmachermeister** und Martens, **Bahnbeamter**

Johannesstraße/ Bergstraße

1-3   H. Nachtigall,**Viehhändler,** jetzt Kleinheide 63a
2   A. Bierenfeldt, Witwe und C. Hein, **Maurermeister**
5   Jürgen und Johann Kamberg, **Maurermeister** und
     M. Kamberg, Witwe
6   J. Stühmer, **Schlachtermeister**
7   W. De Bruycker, **Küster**
8   F. Hohnsen, **Schneidermeister** und A. Rohr, **Tischlermeister**
9   F. Rohr, **Höker und Cigarrenarbeiter**
10   Chr. Bock, **Nagelschmied**
11   R. Kruse, **Arbeiter** und H. Paulsen, **Arbeitsmann** und
     J. Würtz, **Lohgerbergeselle**
13   R. Binder, **Arbeiter** und A. Cordts, **Arbeiter**
12-14 J. Hinrichs, **Arbeiter** und J. Hinrichs, **Topfhandel** und
     C. Martens, **Privatmann**
16-18 H. Retmeier, **Arbeiter** und G.F. Runge, **Schuhmachermeister** und J. Knackstedt, Witwe und C. Lüthje,
     Arbeitsmann

Turnerstraße / Turnstraße

1   H. Binder, **Arbeiter** und H. Hinrichs, **Cigarrenmacher**
     und J.Nehls, **Gärtner** und H.D. Seiler, **Handelsmann**
     und M. Selck, **Arbeitsmann**
2   C. Richter, **Lokomotivführer** und J.H. Rüter, **Tivoli,**
     Tanzsalon, Kegelbahn, Restauration, Gesangsverein,
     Sommertheater, Vereinslokal, Turnverein, Kunst-
     und Handelsgärtnerei

| 11 | J. Meier, **Schuhmacher** und C.H. Sievers, **Schuh-**
| | **machermeister** |
| 13 | C. Bruhn, **Arbeiter** und G. Höppner, **Arbeitsmann** |
| 15 | J. Höppner, **Arbeitsmann** und J.Lepptien, **Arbeits-**
| | **mann** |
| 17 | R. Holm, **Arbeiter** |

Feldstraße

2	J. Hermann, **Tabakspinner**
4	W. Renner, **Arbeiter** und M. Bührens, Witwe
6	F. Seiler, **Arbeitsmann** und W. Seisle, **Knecht**
8	J. Ehmsen, **Schuhmachermeister**
10	F. Rohr, **Arbeitsmann** und G. Lüthje, **Arbeitsmann**
12	A. Hartmann, unverh. **Damenschneiderin/Weißnäh-**
	erin und Ch.H. Haack,**Wild- und Samenhändler** und
	L. Schmied, Witwe und E. Sauerberg, Witwe und J.
	Sauer berg, **Arbeiter**
14	H. Stühmer, **Turnwächter** und P.H. Teß, **Wildhändler**
	und M. Oldenburg, Witwe und C. Herbst, **Orgelspieler**
16	J. Hagelmeier, **Arbeitsmann** und P. Ehrich, **Tischler-**
	geselle und C. Schröder, **Maurermeister**
18	Cl. Pewe, **Arbeitsmann** und D. Steenbock, **Schuh-**
	machermeister
20	G. Heitmann, **Steinpflastermeister**
22	A. Gätje, **Holzpantoffelmacher**
24	C. Lenars, **Arbeitsmann** und E. Raßmussen, Witwe
26	Cl. Müller, **Arbeitsmann** und H. Lambrecht, **Arbeits-**
	mann
28	P. Lempfe, **Maurergeselle**

Kleinheide

59   J. Jansen, **Schlachter**
61   A. Klena, **Höker** und C. Peters, Witwe
63   Langmaak **Maurer**
65   S. Krohn, Witwe und C. Dill, **Briefträger** und H.
      Böhmke, **Fisch u. Obsthandel** und E. Eggers, Witwe
67   C. von Stamm, **Bäcker**
69   H.L. Schneider, **Färberei und Druckerei**
71   C. Jensen, Privatmann und P. Matthisen, **Arbeiter**

DANKE

sagen möchten wir natürlich auch.

Herrn Bürgermeister Ulf Stecher danken wir für die Genehmigung Archivmaterial veröffentlichen zu dürfen.

Frau Peters-Sinoradzki aus dem Heider Stadtarchiv gilt unser ganz besonderer Dank. Sie hat „schwer schleppen" müssen, um alle von uns gewünschten Unterlagen herbei zu bringen.

Ein weiteres Dankeschön geht an:

Herrn Schrum aus dem Stadtarchiv Meldorf

Herrn Dr. Harder aus dem Kirchenarchiv der Stadt Heide

Amt KGL Heider Umland

Dirk und Judith Oesterreich für die schönen alten Fotos.

In der „Alten Gärtnerei Oesterreich", am Ende der Tivolistraße gelegen, fühlten wir uns bei einer Tasse Kaffee und köstlichen Tortenstücken zurückversetzt in die Zeit, als Hinrich Blunck hier seinen Park anlegte. Zwischen Blumen und Pflanzen, umgeben vom Zwitschern der Vögel, war kaum zu glauben, mitten im Zentrum der Stadt zu sitzen. Eine wahre Oase ist dieser friedvolle Ort am Ende der Tivolistraße. Und gerne empfehlen wir ihn.

Mehmet Öney danken wir für seine Unterstützung.

Frau Gunda Zey danken wir für einige Informationen bezüglich des Tivoli der 1960er Jahre und Fotos.

Auch allen, die uns Fotos zur Verfügung gestellt haben, ein herzliches Danke!

Dem Inhaber des Konzert- und Ballhaus Tivoli, Peter Bartsch, danken wir für einige Fotos und besonders herzlich für sein Sponsoring, das es erleichtert hat, dieses Buch heraus zu bringen.

Quellen
Stadtarchiv Heide
Stadtarchiv Meldorf
Kirchenarchiv Heide
Amt KGL Heider Umland

Fotonachweis
Horst Peters 2, 3, 6, 11, 12, 15, 16, 17, 29, 33, 34
Inge Harländer 4, 13, 40
Peter Bartsch 22, 39
Bernd Böhmke 21
Otti Burmähl 10
Ingrid Harländer 36
Magrit Kaun 20
Helga Matthies 19
Judith u. Dirk Oesterreich 28, 30, 31
Hans Joachim Strobach 18
Ute Sievers 5, 8, 9
Gunda Zey 35, 37, 38
Heider Stadtarchiv 1, 10, 14, 23, 24, 25, 26, 27, 32, 41